隠された標的

―戦時改描図の世界―

山田　誠 著

旧善通寺偕行社（参照：40.香川県善通寺市，著者撮影）

海青社

はしがき

　筆者は先に『戦時改描図論考』と題する小著(以下『論考』と呼ぶ)を，本書と同じ海青社から公刊した。そこでは，昭和10年代の日本で作られた戦時改描図を取り上げ，その一般的な性格を明らかにするとともに，近畿，東京(1万分1図のみ)，北海道，それに台湾の戦時改描図について個別的な紹介を行った。幸いなことに『論考』に対しては『読売新聞』，『地図ニュース』，『地図』，『地理学評論』，『地理』，『測量』(掲載順)などの新聞・雑誌で，おおむね好意的な書評・紹介をいただくことができたが，筆者としては，『論考』作成の準備過程で収集した多くの改描図の画像のごく一部しか紹介することができなかったことを残念に思っていた。とりわけ，取り上げた地域にかなりの偏りがみられたことは否定できない事実であった。

　そうしたことから，『論考』において紹介できなかった改描図を，可能な限り多く，それも地域的な偏りをなるべく少なくした上で取り上げ，それぞれに解説を加えるという内容の書物を，筆者は『論考』発刊の前後から構想していた。幸い今回も海青社代表の宮内　久氏のご賛同をいただき，こうして同社から刊行される運びとなった。

　本書の構成，特徴等について簡単にふれておく。まず構成としては，序論として改描図に関する概略的な説明を置いた。内容の一部は『論考』と重なる点もあり，『論考』をお読みいただいた読者の方には不要かと思われるが，そうでない方も当然おられるはずなので，そうした方々のことを念頭に置いて記したものである。それ以降は，沖縄県を除く日本の都道府県からそれぞれ1〜2，全国では50の地域を選び(沖縄県の除外は，そこの地形図がすべて秘図で改描図は作られなかったため)，各項目，原則見開き2頁(2項目のみ例外的に4頁)で各地域の地形図の改描実態に迫ろうとした。『論考』に掲載した図とは重複のないようにしたが，『論考』掲載図と同一地域で縮尺の異なる図を取り上げたケースは多少ある。

　各項目の中では左頁に改描図と現状図，右頁に改描前の図と解説文というスタイルをとった。ただ，改描図の事例として取り出した範囲の中で改描箇所がどのように分布しているかは千差万別で，そのため掲載図中の改描箇所が狭い範囲にとどまっているような場合(多数ある)では，右頁の改描前の図は左頁の図よりも狭い範囲に限った。それによって解説文をより詳しく記せるようにとの趣旨である。ただ，そのために一部の改描前の図では，小面積の該当箇所をいくつか抜き出して並べざるを得なかった。またごく一部の項目ではあるが，改描図自体の図郭設定にも難渋し，結局1枚の地形図から複数の小地域を抜き出して並べるという選択も行った。こうしたことの結果，改描図と改描前の図との対比がややしにくくなっている箇所が散見される。その点をあらかじめお断りしておきたい。

　本書の特徴とすべき点をいくつかあげると，以下のようである。まず，地域的に沖縄県を除く全府県から対象地域を取り出したことについては上にも述べたが，改描された地物の種類についても，改描対象とされたものをほぼ漏らさず取り上げたつもりである。次に，『論考』で対象とした5万分1，2万5千分1，1万分1の3種類の縮尺の地形図に加えて，20万分1帝国図についても1図幅だけではあるが取り上げたことである。なお50万分1輿地図についても改描図の存在

を確認し，コピーも入手しているが，これだけ小縮尺の図になると，改描図といえども改描前の図と比べてあまりインパクトのある図とはならず，本書で取り上げる価値は乏しいものと判断した。最後に指摘したい特徴としては，通常の戦時期作成の地形図やそれ以前作成の地形図に加えて，いくつかの種類の地図を「参考図」として掲載し，改描図，あるいは改描によって見えなくさせられた戦時下の日本の諸地域の姿を，より深く理解するための一助としたことをあげたい。それらの地図としては，戦後になって地理調査所から発行された地形図のほか，少数ではあるが，太平洋戦争末期に作られた「集成5万分1地形図」シリーズ中の図や，やはり戦時中に米軍が日本の5万分1地形図に基づいて作成した図などがある。これらはこれまであまり詳しく紹介されることのなかった図であることから，序論の最後の箇所で書誌的な解説を行うことを意図している。

　もともと地図史や地理学史を専門分野としてはいなかった筆者が，戦時改描図というかなり特殊な対象について専著を1冊書いたことには，奇異の感を抱かれた向きもあったかもしれない。それが2冊目ということになって，筆者自身でもややとまどいの感を抱いているが，筆者としては，せっかく集めた改描図に関するデータを可能な限り学界等の共有財産にしたいという意図が優先したということである。本書が読者のお役に多少なりとも立つことができれば，筆者の喜びはこれに過ぎることはない。

　2023年夏

山田　誠

隠された標的

―戦時改描図の世界―

目　次

凡　例

- 本書の副題では「戦時改描図」という語を用いているが，本文中では単に「改描図」と称した箇所も多い。特に異なる意味で用いているわけではない。

- 本書各項目での構成は，「はしがき」に記したような方式を標準とするが，いくつかの項目では例外的な構成を採用した。特に参考図を載せたいとか，本来の構成で許される以上の広い範囲を取り上げたいというような趣旨から，2つ(立川と大阪)の項目で4頁を用いることとした。また2頁で収めた項目の中でも，本来の図以外に参考図を用いた場合には，レイアウトがやや変則的なものになっていることがある。

- 本文中では原則として常用漢字を用いた。たとえば，「聯隊」ではなく「連隊」と表記した。ただし，図幅名など固有名詞と考えられるものについては旧字体を用いている。

- 年号表記は引用文以外西暦で統一した。ただし序論および各項の初出箇所では元号表示を併記した。

- 本書の地形図は，本来であればすべて原縮尺のままで掲載することが望ましいが，スペースを考慮し，すべて原図の90%に縮小して掲載している。

- 掲載図の版下(原稿図)として地形図の現物を利用できたケースは稀で，大多数はコピーから版をとった。そのことも関係して画像が不鮮明なケースがしばしばある。中には旧蔵者による書き込みのある図(のコピー)を用いざるを得なかったケースもある。それだけでなく，戦局悪化以後に印刷された図では，現物でも印刷不鮮明のケースが多い。こうしたことの結果，掲載した図の中にはかなり見づらくなっているものもある。

- 各項目の中に掲載する図については，改描図を図A，現状図を図B，改描前図を図Cとし，参考図がある場合には図D(複数ある場合にはさらに図E……)とした。解説文中で他の項目の図を示す場合には，たとえば「図6-A」とした。

- A～Cの各図はすべて同じ範囲で示すことが原則であるが，解説文の字数を確保するなどの目的で，図Cのみ小範囲に限定したケースもある。さらに，1つの地形図幅の中で改描箇所が分散しているようなケースで，各図を分割することも行っている。この場合，それぞれの図の表示は，図中，本文中とも図A①，図C②，のようにした。

(6頁に続く)

目　　次

S

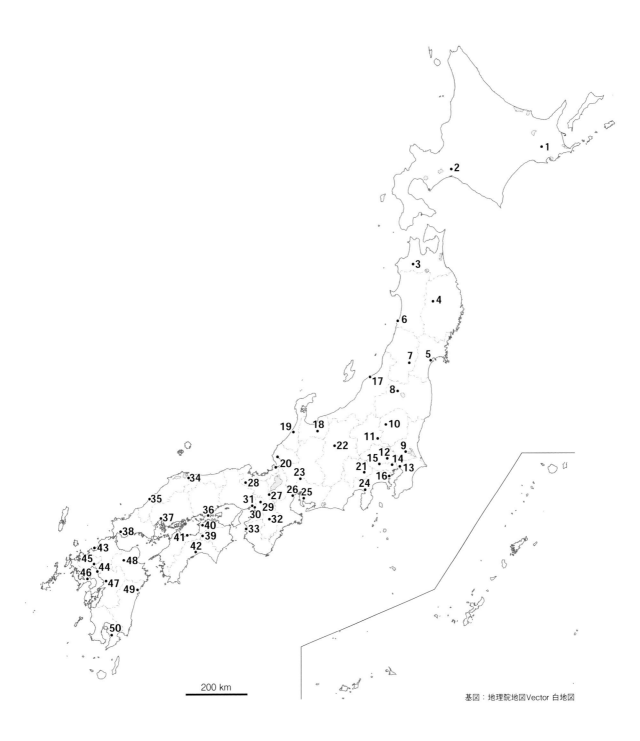

200 km

基図：地理院地図Vector 白地図

（3頁より続く）

- 現状図はすべて改描関係図と同縮尺の図を掲載している。ところが，5万分1地形図は国土地理院の方針により2000年代後半以後修正が行われなくなってしまった。そのため，本書で用いた現状図の中には，修正後すでに30年を経過したものも含まれている。
- 現状図のすべてと「20. 福井県敦賀市と同武生市」の項目で用いた20万分1帝国図（改描図，改描前図とも）は本来カラーで印刷されているが，本書ではすべて白黒での印刷とした。
- 126～127頁に地形図の記号表を4種類掲げた。本書掲載のほとんどの図は，これら4種類のいずれかによって描かれている。具体的に記すと以下のようである。
- 旧版地形図の内，5万分1「弘前」（項目番号3）と同「盛岡」（同4；ただし参考図の図Dを除く）は「明治42年式」。
- その他の旧版地形図のほとんどは「大正6年式」または「大正6年式（大正14年加除）」。記号表では「大正14年加除」の方だけを掲げているが，両者の相違はわずかで，読図上ほとんど問題となることはない。
- 5万分1「延岡」（項目番号49）の旧版図は，記号表を掲載していない「明治33年式」が用いられている。読図上それほど神経質になる必要はないが，本文中でも記すように，この図式では面的な土地利用を示す記号の密度が，後の時代のものよりやや高いという特徴があり，一見した際の印象が後の地形図と多少異なる。
- 現状図については，5万分1図はすべて「平成元年図式」，地理院地図（2万5千分1地形図相当のものとして使用）はすべて「平成25年図式」である。なお，「平成25年図式」では工場の記号が廃止され，中小規模の工場の存在が図上から消え去っている点に注意が必要である。
- 1万分1地形図や20万分1帝国図（現・地勢図）については記号表の掲載を省いたが，読図上それほどの支障はないはずである。

序論　本書を読み解くためのいくつかの手がかり

　ここでは，戦時改描図の概略をはじめとして，本書を読み進んでいく上で有用と思われるいくつかのことがらについて触れておきたい。

1. 戦時改描図とは

　戦時改描図とは，戦時期に軍事上あるいは危機管理上の必要性を根拠として偽りの内容に描き改められた地図を意味する。日本では日中戦争（当時の用語では支那事変）の開始とほぼ時を同じくして1937（昭和12）年に制度化され，以後約7年にわたってこの種の図が多く作られた。1937年には軍機保護法の改「正」が行われ，また2年後の1939年には軍用資源秘密保護法も制定された。戦時改描は，こうした時代背景の下で行われたのである。

　一般的には「改描図」と「戦時改描図」は区別されるべきかとも考えるが，日本では改描が行われたのが戦時期にほとんど限られる^(注1)ため，「改描図」と「戦時改描図」はほぼ同義に用いられることが多く，本書でも以下単に「改描図」という語を用いることが多い。なお，「（戦時）改描図」を作る行為が「（戦時）改描」であることは，改めて言うまでもない。

(1) 戦時改描の対象となった地図

　改描は，陸地測量部発行の5万分1，2万5千分1，1万分1の地形図について行われたほか，20万分1帝国図や50万分1輿地図についても行われた。小縮尺図での改描の「実害」は少ないが，本書では20万分1帝国図についても1事例紹介する。

　改描が行われた時代の日本では，全国を網羅する最も大縮尺の地形図は5万分1図であった。2万5千分1地形図は平野部を中心に国土の約4分の1の地域についてのみ作成され，1万分1地形図は大都市と軍の演習場など，ごくわずかな地域に限って作られた。これらの地形図は原則として市販され，研究や教育にも役立てられたが，要塞地帯など一部の区域については，そこの地形図は秘図とされ，市販の対象から除外された。日本における戦時改描は市販図を対象としたものであり，秘図についての改描はなされなかったと考えられる。ただし，1944年夏ごろにすべての地形図が秘図とされて以後，「参謀本部」名義で発行された図の中には改描図が多数含まれている。

　改描が始まった当初は，定期的に行われる修正や鉄道補入等の際に改描することが想定されていたようである。しかし，それでは全国の図の改描が完了するのに相当の年月を要すると判断されたためか，1939年になって，過去に発行された図についても改描を要するものは同年末までに改描を終えるよう（多分，参謀本部の）上層部から求められ，陸地測量部の現場ではその対応に忙殺されたらしい。

（注1）　公刊図の中でも，皇室関係の施設については長年にわたって内部が白ヌキとされていた。これは戦時改描ではない改描の例と言えるかもしれない。両角（1990）は，この種の改描のことを「白改描」と名付けている。

　改描は，いわゆる「内地」の図だけでなく，台湾や朝鮮（朝鮮については，陸地測量部ではなく朝鮮総督府の発行であった）の地形図でも実施されたが，それらを除いて内地の図に限定すると，改描された図の概数は5万分1図で約450（秘図を除いた総面数の約40％），2万5千分1図で300弱（約33％），1万分1図で約120（80％以上）に及ぶ（山田 2021）。一方，作られた改描図の総枚数については知る手がかりが乏しいが，面数が小縮尺図を含めて約1,000であったことからすると，合計枚数が数十万枚に及んだことはまず間違いないものと考えている。

　以上略述したように，戦時改描は陸地測量部作成の地形図類について行われた。しかし，1940年ころからは民間発行の地図に対しても改描が強制されるようになった。筆者も改描された民間図を数点は実見しているが，民間図の改描についてはこれまでほとんど研究が行われておらず，本書でも民間発行の改描図については取り上げない。

（2）戦時改描の内容

　改描の対象とされた地物は，1) 皇室関係，2) 軍部関係，3) 地方関係に大別された。まず1) については，改描以前の時期の地形図において名称だけが注記され，敷地内部は空白とされていた離宮などの皇室施設について，注記を省いて敷地内部は虚偽の公園風の表現に改描された。ただし宮城（皇居）は敷地内空白，注記ありという，以前からの表現のままであった。2) については，海軍の軍港を含む地形図はすべて秘図とされていたために，対象はほとんどが陸軍関係の施設であった。改描図では部隊名などの注記が削除されるとともに，兵舎の配置なども偽装して表現されることが多かった。「地方関係」とは皇室関係，軍部関係以外を総称したもので，具体的には産業，インフラ施設等が含まれた。鉱業関係では産油地域における油井記号の削除が中心で，当時の日本に多かった炭鉱については改描の対象になることが少なかった。製造業については軍需工場，あるいは大規模工場全般に改描の手が及んだ。会社名や業種名の注記が削除されるケースや，中には工場のレイアウトが全面的に描き変えられることもあった。インフラ施設としては発電所・変電所，上水道関係施設などの改描事例が多かった。山間地域の図で改描されたものはほとんど水力発電所が対象であった。また鉄道・港湾などの交通施設の改描の事例も多かった。特に鉄道については改描開始後数年を経た1940〜41年ごろになって，複線区間についても単線区間同様の表現にしたり，線路脇の盛土部分の表現を消去したりするなどの新たな方針が導入されたことから，改描対象図は増加した。

　これら各種の地物の改描の事例は，本書中のどこかで見出せるはずなので，ここでの実例の図示は省く。

（3）外国での類似事例

　防諜上あるいは危機管理上の理由で地図の内容に何らかの手を加えるという事例は，日本以外の国々についてもいくつかの文献等で紹介されている。モンモニア（1995）はアメリカ合衆国の地形図において大統領専用の公用別荘地が図上で秘匿されている事実を指摘し，デイビスとケント（2019）は，イギリスの地形図における改描の実例をいくつか紹介している。田代　博は2018年に，冷戦期のスイスの地形図において火薬工場の改描が行われていたことを自身のブログ上で指摘した。場所はベルン州ヴィンミスである。ただ田代が2021年に没した後，このブログは読むことができなくなっている。一方，旧ソビエト連邦や中国など，地図行政に関してより厳しい管理体制をとっていた（いる）国々では，改描もさることながら，むしろ自国を描いた大縮尺図のすべてを秘図とするのが通例である。防諜という観点だけからみれば，そうした方法の方がより効果的と考えられる。

2. 戦時改描図の所在と見分け方

　ア）戦時改描図の実物を目にしたいという場合にはどうすればよいのだろうか？　一方，イ）何かの機会に見た古い地形図が改描図であるか否かは，どうすれば判定できるのであろうか？　筆者は，これら2つの問いは相互に関連すると考えているが，具体的な回答をしていくには，やはりそれぞれ区別して扱うのが現実的であろう。

(1) 戦時改描図の所在

　陸地測量部の今日における後継機関である国土地理院は，陸地測量部時代を含めて過去に発行された地形図のほとんどについて保存用を所有しており，それらの図を整理した資料（図歴表）が同院からインターネット公開されている(注2)。図歴表に記されている図の中にもかなりの数の改描図が含まれているが，どの図が改描図であるかは示されていないので，判定には自ら国土地理院やその出先機関である各地の地方測量部に出向き，旧版地形図の画像を閲覧することが必要となる。それら以外のインターネット端末でも画像の閲覧はできるが，解像度が低いので改描図の調査には適さない。なお，先に「かなりの数の改描図が含まれている」と記したが，「すべての……」でないことはもとより，「ほとんどの……」，「大部分の……」でもなさそうだというのが，筆者のこれまでの調査から得られた印象である。なお，図歴表から所在が確認できた図については，所定の手続きを取ることによって「謄本または抄本の交付を受ける」ことができる(注3)。

　改描図の現物を相当数閲覧することが可能な施設としては，国立国会図書館東京本館地図室がまずあげられる。ただし，ここについても目録上で改描図であることが示されているのは，校正刷の内で「改描原図」と記されているものについて目録上にもその旨の表示があるケースに限定される。これに該当するのは，「内地」の5万分1地形図については10面にも満たないと思われるが，実際には現物，校正刷，両方を含めるとおそらくその10倍以上の改描図が所蔵されているものとみられる。一方，公立図書館で旧版地形図を広域的に収蔵している機関として岐阜県図書館がある。ここは，かつて存在した岐阜県世界分布図センターを吸収合併した関係で，公共図書館としては異例に地図の所蔵が多い。東北大学所蔵の外邦図コレクションに由来するものを中心として日本の旧版地形図の所蔵もかなりあり，その中に改描図も含まれている。他に大阪市立中央図書館の旧版地形図コレクションも充実しており，筆者はその中に西南日本を中心として改描図が相当数含まれていることを見出した。本書でもその中からいくつか利用する。他の公共図書館の中にも地元の旧版地形図を所蔵しているところが少なくなく，その中に改描図が含まれている可能性も当然存在する。

　大学図書館や地理学研究室の中にも旧版地形図を多数所蔵するところがあるが，それらは必ずしも一般に公開されているとは言えず，利用に当たってはややハードルが高そうである。ここでも個別の紹介は控える。

（注2）　5万分1図だけについては，より網羅的な冊子体目録が発行されている（国土地理院 1997）。これには，改描図のある版について，その旨の表示がある。

（注3）　カギカッコ内は公式の用語法に準拠したものであるが，普通の日本語では「コピーを購入する」となる。なお，謄本は完全に原寸で画像も鮮明なのに対して，抄本は紙のサイズの関係で図郭外上部または下部の文字等が少し切れることがあり，鮮明度もやや劣る。その分，謄本と比べて料金は少し安い。詳しくは国土地理院のウェブサイトを参照のこと。

　旧版地形図が古書店で販売されているケースは多い。その中に改描図が含まれているケースも稀ではないが，カタログ等に改描図であることが明示されていることはほとんど期待できないので，通信販売を利用するにしてもあまり効率的ではない。筆者はかつて，戦時改描の研究に従事した先学の旧蔵品と思われる改描図20余枚のセットを古書店のカタログ中に見出し，購入したことがあるが，こうした僥倖はめったにあることではない。

　画像公開されている旧版地形図も上述の国土地理院のものをはじめとして何種類かある。インターネット端末から自由に解像度の高い画像が見られるものとしては，アメリカ合衆国スタンフォード大学の日本製外邦図コレクション中の日本の各種地形図が最も多くの枚数を公開しているように思われる。そして，その中の5万分1地形図に関する画像は，「日本版 Map Warper」上でも閲覧することが可能である。これらの中にも相当数の改描図が含まれているが，改描図を改描図と明示しているものはなさそうである(注4)。

(2) 改描図を判別する方法

　ここでは，何らかの機会に目にした旧版地形図について，それが改描されているのか，あるいはそうではないのかをどうやって判別することができるのかについて解説する。この場合，閲覧した地形図の周囲の部分が元のままで保存されているのか，それとも図の部分以外は切断されているのかによって，その後の手順が多少異なる。

　まず，周囲の部分(「図郭外」という用語が用いられる)が残っているケースについて記すと，図郭外部分の記載内容から手がかりが得られる場合が少なくない。もともと日本の地形図では，図郭外上部に図名や含まれる県名・市郡名，周囲の図の名称と位置関係などが，下部にスケールバーと定価，左側に図歴(いつ最初の測量が行われたのか，最新の修正はいつなのか等)と発行年月日，それに記号一覧が記された。これらの記載の在り方から，改描が施された図なのかどうかが，かなりの確度で判定可能なのである。というのは，改描実施期の地形図では，図郭外の表示内容に若干の変化が生じたからである(図序-1)。その変化のひとつは記号欄の「陸海軍官衙」記号(陸軍の師団司令部，旅団司令部，連隊区司令部などそれぞれに記号が定められていたのを一括)の採用，もうひとつは定価欄へのカッコの付加である。後者は改描図の識別のために特に重要で，当該図中，実際に改描が施された図は(　)，そうでない図(改描不要図)は［　］というようにカッコを使い分けた(ただし一部に例外もある)。図に示されている発行年月日については，それが1937年下期以後であれば，当然，改描の可能性があるが，それ以前であったとしても「改描なし」という証拠にはならない。前述したように，以前に作られた地形図に対して後から改描が施されるということがあったが，そうした場合に改描された図の発行年月日は改描後の年月日ではなく，元の図の発行年月日がそのまま印刷されたからである。

　いろいろな用途に使用されてきた地形図の場合，図郭外の部分が切断されているケースがしばしばある(周囲の図と貼り合わされているような場合を含む)。こういうケースでは当該の図が改描図であるか否かの判定は容易ではない。まずいつごろの図なのかを知る必要がある。中には建設年次の知られている地物(鉄道，学校等)が図上に表現されているか否かで，ある程度の絞り込みが可能なケースもあるが，正確を期すには国土地理院の出先機関である地方測量部などにその図のコピーを持参し，それと当該図幅の各種

(注4)　「今昔マップ on the web」というサイトには日本各地の旧版地形図が収録されていて有用である。改描の可能性のある図については，その旨の注意事項が記されている点も貴重である。なお，このサイトの構築を担っていた谷　謙二(埼玉大)が2022年に没した後，このサイトは東京大学空間情報科学研究センターによって運営されているとのことである。

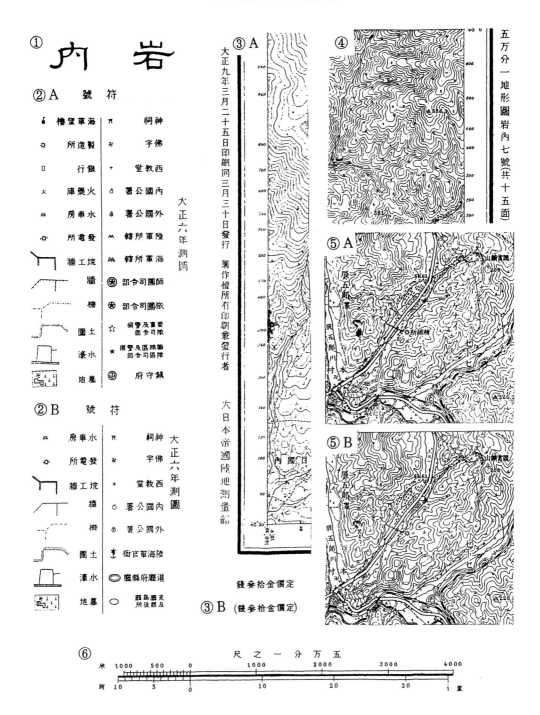

図序-1　改描期前後の陸地測量部発行地形図の細部──改描関係箇所を中心として──

・5万分1地形図「岩内」のA.改描前とB.改描後（ともに筆者所有）より。

・原図の90％に縮小。

・A・Bを記していないものは，改描の対象とされていない箇所である。

・①：図名　②：符号（一部）　③：発行年月日，発行者，定価　④：縮尺（文字での表示）

　⑤：改描箇所の含まれる地区の例　⑥：縮尺（スケールバー）。

・本図は，山田（2017），山田（2021）に掲載したものを，縮小率を変更して再掲したものである。

の版の画像を順次比較するという手間のかかる作業が必要となる。それによってその図がどの版に相当するのかが判定でき，その上で，それが戦時改描制度開始時点（1937年）における最新版より古いものであれば，その図が改描されている可能性はない。もし1937年時点での最新版であれば，改描の有無は図の内容の検討次第ということになる。

　以上のような手順を経て，取り上げた地形図が改描図か否かはほぼ明らかとなる。改描図で，既刊の図を後から改描したケース[注5]では，改描前の図を入手し，それと改描図を比較することで改描内容は判明する。本書の多くの項目はそうした作業過程の紹介である。ここで厄介なのは改描制度開始以後に新たに修正（まれに測図）され，その際に改描も行われた上で発行されたケース[注6]である。というのは，こうした図については「改描前の図」にアクセスすることができないからである。ただ，一部については次節で紹介する戦後発行図から手がかりを得られることがあり，本書では「15. 東京都立川市と周辺」，「26. 三重県四日市市」の項でその具体例を紹介する。

3.　本書で参考図として使用するやや特殊な図

　「はしがき」でも記したように，本書では，1）戦時改描図，2）改描がなされる前の図（改描前図），3）現状図の3種類を主に用いるが，一部の項目については，それら以外に参考図を併用して，改描図理解の一助としたい。

　参考図中比較的多くの項目で用いるのは，陸地測量部が太平洋戦争末期の1944年，45年に，空中写真を用いるなどして修正の上作成した5万分1の図である。当時撮影された空中写真の撮影範囲については浅尾（1987）で紹介されており，それによれば，北海道の太平洋岸一帯，関東平野，中部地方西部を中心とし，他に静岡，広島，福岡，大分，鹿児島の諸県の各一部などに及んでいる。これとは別に，国土地理院作成の地形図目録（国土地理院 1997）の中には，これらの空中写真撮影区域以外にも，1944年あるいは1945年修正の図歴を有する地形図の記載のある地区が，四国南部などいくつか存在する。

　これらの地区の中で，地形図の新版が終戦までに作られたのは北海道にほぼ限られるようである。それらはすべての地形図が「秘」あるいはより厳しい守秘義務ランクとして扱われるようになってからの図で，発行主体は陸地測量部ではなく参謀本部である。発行年月日や定価の記載はない。幸いなことに，筆者はその中のかなりの枚数を所蔵しており，本書では「2. 北海道千歳市」の参考図として参謀本部版の「千歳」図幅を用いる。1938年に開場した海軍千歳飛行場の，それから6〜7年後の状況が描かれている。1944〜45年撮影の空中写真を用いて作られた北海道以外の地方の地形図で筆者が目にしたのは，戦後の1946年から48年ごろにかけて地理調査所から発行されたもので，一部が大阪市立中央図書館所蔵，大部分は国会図書館所蔵である。それらの図の中から，本書では「土浦」，「岐阜」，「半田」の3種の5万分1戦後発行地形図を参考図として利用する。

　これらの図には，太平洋戦争末期の日本の国土の状況がかなり正確に表現されていると見て差し支えない。ただ発行が戦後になった図については，ごく一部に例外はあるものの，一般的には旧軍の施設に関する記号や注記は消去されている。

　この点については，戦争最末期の1945年に陸軍参謀本部によって作成された「集成5万分1地形図」というシリーズ[注7]の一部に，軍施設や軍需工場のレイアウトだけでなく名称も記されているものがあり，

（注5）　筆者はこれを「遡及改描」と呼ぶことを提唱した（山田 2018，2021）。

（注6）　「遡及改描」と対比されるものとして「同時改描」という語を提唱した（山田 2018，2021）。

（注7）　「集成5万分1地形図」についてはいくつかの文献で紹介されている。ここでは中村・井口（1999），小林（2001）の2編をあげておく。

太平洋戦争末期の国土の状況を知る上では上記の戦後図よりも史料的価値が高い。「集成5万分1地形図」は通常の5万分1地形図を縦横2枚ずつ，つまり4枚を1面とした巨大な図である(注8)。ただ，このシリーズは全国について作られたものではなく，また作成されたもののすべてが図書館等の公開施設に所蔵されているわけでもない。さらに言えば，「集成5万分1地形図」の元版として用いられた5万分1地形図は，改描されたものとそうでないものの両方があり，「集成5万分1地形図」1図幅の中でも両者が混用されているケースがある。筆者はこのシリーズの中の数点を古書店から購入することができた。本書では「東京3号」(立川地区を含む)と「名古屋2号」(半田地区を含む)の2面の一部を参考図として提示する。なお，これら2図幅中，前者は東京都立多摩図書館に所蔵されているが，同図書館所蔵図は改描図をベースとしたもので，47頁掲載の図とは内容が異なる。後者はこれまでのところ図書館での所蔵を確認できていない。

　本書で参考図として用いる，もう1つのジャンルの図は，アメリカ合衆国陸軍の地図作成部門(AMS)が戦時中に日本の地形図を基に作成した，いわばアメリカ版の外邦図である。AMSと，それが作った地図については，赤木(2010)という10枚以上のカラー図を含む多数の図版を用いた包括的な紹介があることから，詳細はそれに委ね，ここでは本書で紹介する図と関係する範囲内での簡単な紹介にとどめる。

　AMSは1942年にはすでに設置されていたことが知られており，日本についての一部の成果図は1943年に発行されている。国会図書館には，1944年に作られた日本本土，とりわけ本州中部・西部，四国の図が多数所蔵されている。なおAMSは戦後も1960年代末ごろまで存続し，特にアメリカの日本占領後は日本(東京)に出先機関が設けられたこともあって，そこでも多くの図が作成された(注9)。国会図書館に所蔵されるものも，また赤木の手元にあったもの(今日ではその多くが岐阜県図書館に収蔵されている)も，数の点では戦後に作られたものの方が多いようである。ただ，筆者の主な関心は，あくまでも日本の地形図で行われた戦時改描が，AMS図の内容に何らかの影響を与えたのか否かという点にある。そうした見地からは，AMS製の多種の地図の中でも特に注目すべきものは，米軍による本土空襲が本格化して空中写真が多数撮影されるようになるより前の図ということになる。その時点でAMSは公刊されていた日本の地形図をほとんどすべて入手しており(注10)，それらに基づいて，図郭内の画像をグレー(注11)で印刷した上に，地名のアルファベット表記と主要地物の英訳が紫で加刷された，AMS版の日本の地形図が作られたのである。それらの図にはベースとなった日本図の発行年次などが明記されている。

　筆者が国会図書館所蔵図の中から閲覧した100面余の5万分1図の大多数は，79頁で紹介する"OSAKA NORTHWEST"や赤木(2010)に掲載されている"HIROSHIMA"と同様，改描前の図であった。ただし"OSAKA NORTHWEST"が改描の対象となった版より1つ前の版であったのに対して，"HIROSHIMA"は改描対象となった版そのもの(注12)がベースとして用いられている。そうした一方で，修正等による新しい版が改描図であったケース(筆者が「同時改描図」と呼ぶことを提唱した図)では，わずかではあるが改

(注8)　一部，地形図2枚分を1面とした縦長または横長の図もある。

(注9)　戦後，東京で活動したAMS(正確にはその出先機関)の活動を紹介した文献として，長岡(2005)，長谷川(2008)がある。

(注10)　地図の入手はAMSが直接行ったというよりも，当時のアメリカ合衆国の情報機関であったOSS(Office of Strategic Services)が中心となって行い，そこからAMSに対して資料提供されたらしい。OSSは合衆国の広い範囲から日本の地形図の提供を求めたが，その際，意外にもアメリカ合衆国農務省に大量の日本の地形図の所蔵のあることが分かり，大いに活用されたという(Wilson 1949)。

(注11)　グレーというよりは黒という方が適切と思われるものもあり，そうしたケースでは加刷分の紫との区別がつきにくい。後出の"OSAKA NORTHWEST"の場合は黒1色のコピーなので，さらに図が見づらくなっている。

(注12)　1932年修正，1933年発行の5万分1「廣島」である。筆者は山田(2021)でこの図の改描前後の図3種について紹介したが，AMSが用いたのは，その中の「改描前図」に相当する。

描図がAMS図のベースとして用いられているものがある。一例として"TAKASAKI"をあげることができるが，そこでは，岩鼻地区の陸軍火薬製造所の改描が気づかれなかったように見える。もっとも，同図中，改描が行われた歩兵連隊については改描が見抜かれたらしく，'*ARMY BARRACKS*'と加刷されている。

　上記"HIROSHIMA"のベースマップとして用いられた5万分1「廣島」には，秘図区域の空白域が含まれていた。"HIROSHIMA"でもそこは空白のままで，空白部分に関する情報を別の資料で補った形跡はない。ところが，"SUSUMA-HONGO"では，ベースとした陸地測量部発行の「須々万本郷」中にあった空白部分が1901年発行図で補われている。この図は本来の図名は「徳山」であるが，徳山が海軍燃料廠の関係で「要港」に指定されたために秘図となったことから，徳山市街地を含む燃料廠に近い部分を空白にした市販図が，1938年に「須々万本郷」として発行され，それが主なベースマップとされたのである。

　以上の簡単な紹介では，戦時改描の効果の有無に関する議論には不十分かとも思われるが，改描期直前の日本の地形図が多く米軍の手に渡っていた時点で，陸地測量部による改描は実効性が期待できない行為と化していたという評価は可能であろう。

4. 小　　結

　以上，個別の戦時改描図の紹介に入るに先立って，若干の予備的情報を記した。戦時改描図は日本の地図史を考える上ではやはり「負の遺産」と評価せざるを得ないものであろう。しかし，旧版地形図を研究資料として用いることを続けるかぎり，戦時改描ないし戦時改描図について正しい理解をもっておくことは不可欠と考える。本書全体を通じた著者の基本的な立場はそこにある。

本論　改描図に見る日本の諸地域

山口貯水池(狭山湖)の堰堤(参照：15. 東京都立川市と周辺，著者撮影)

1. 北海道標茶町——軍馬補充部

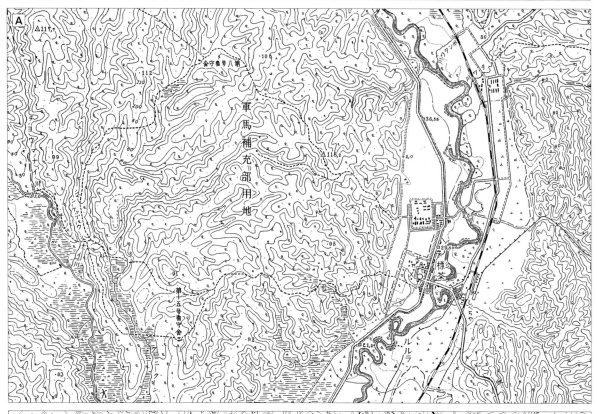

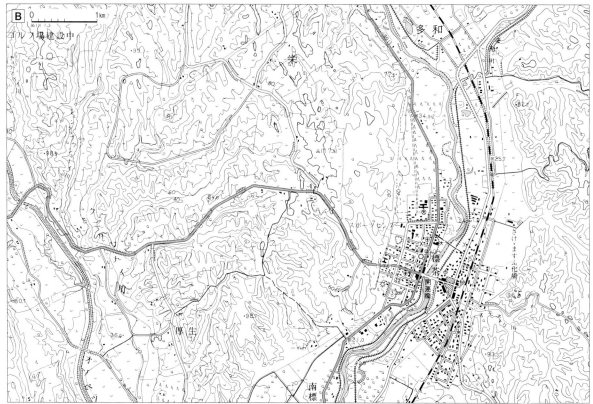

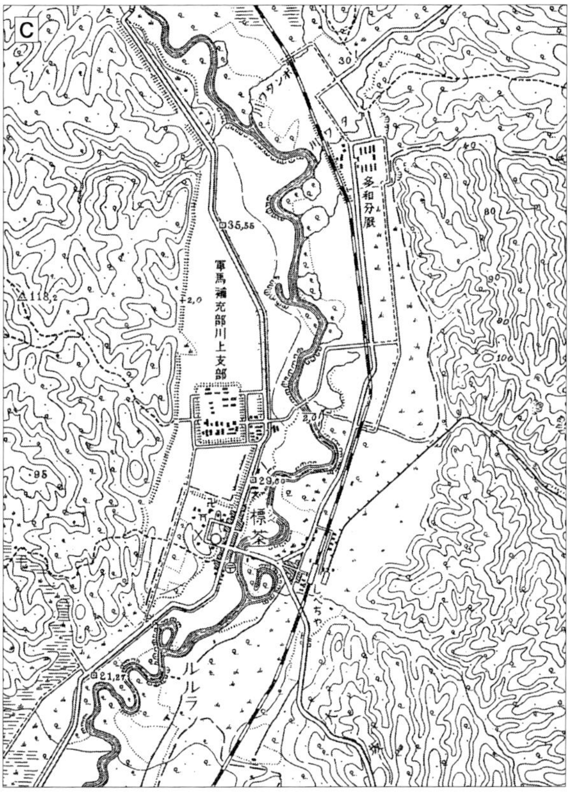

北海道東部，釧路総合振興局（旧称：支庁）管内の標茶(しべちゃ)町は，この地方の中心都市である釧路市から北に約40 km釧路川をさかのぼった所に位置する。古く1886（明治19）年に集治監（今日の刑務所に相当）が置かれ，またその後の数年間は，標茶からさらに釧路川をさかのぼったアトサヌプリ（跡佐登）の硫黄をここで精錬することも行われたためにぎわったが，1894年には硫黄鉱山が閉鎖し，また1901年には集治監も網走に移転したことから標茶は衰退の道を歩み始めた。

こうした辺鄙な土地で地形図の改描が行われたのは意外と感じられるかもしれないが，改描図（図A）中に「軍馬補充部用地」との注記があることが，この図における改描事情を容易に推測させてくれる。事実この図で改描された地物は軍馬補充部の施設（「支部」と「分厩」）に付けられた名称の注記で，そのことは改描前の図（図C）を参照することによって確認できる。

さて，この川上支部は1908年に，北海道では2番目の軍馬補充部支部として開設された。「川上」は「釧路国」中の郡名である。川上支部が開設されたことにより，集治監廃止後衰退の一途をたどっていた標茶は息を吹き返した。

軍馬補充部とは，日本陸軍において物資の輸送（一部は騎兵の乗用）に重要な役割を演じた軍用の馬を育成するための機関である。東京所在の本部の下に，全国約10か所の支部が置かれた。その所在は北海道東部，東北北部，九州南部にかなり偏っていた。

北海道では，標茶と同じ釧路地域の白糠に置かれた釧路支部が1900年創設と最も早く，次いで標茶の川上支部，本別の十勝支部（1910年）と続いた。さらに1938（昭和13）年には標茶からも近い西春別に根室支部が置かれている（表1）。

その一方で太平洋戦争後半の時期になると，北海道東南部一帯は本土決戦に備えてか軍事上の重要度が急速に増したようで，1944年に軍馬補充部川上支部は廃止され，その施設は新たに設けられた陸軍の部隊の兵舎に転用されたらしい。ここで用いた5万分1「標茶」図幅を含む周辺の数面の地形図が1943年に秘図とされた（山田 2021）ことも，そうした流れに沿うものと考えられる。改描が始まった時期にはまだ秘図ではなかったため，この図でも改描が行われたが，軍馬補充部関係の注記を消去した程度の軽微な改描にとどまった。

標茶の旧軍施設は戦後ほどなく創設された町立農学校に転用され，その後校舎は建て替えられたものの，敷地は上記農学校の後身である北海道立標茶高等学校に引き継がれている。

表1　北海道に置かれた軍馬補充部支部

	釧　路	川　上	十　勝	根　室
開設年 (注1)	1900	1908	1910	1938
所在地（現地名）	白糠郡白糠町	川上郡標茶町	中川郡本別町	野付郡別海町
最寄駅と開業年	白糠，1901	標茶，1927	仙美里，1910	西春別，1936
鉄道線名 (注2)	根室本線	釧網本線	網走本線	標津線

注1）開設時にはより下位の機関で，支部昇格は後年であったケースもある。
2）網走本線は後に池北線と改称し，さらに第三セクターの北海道ちほく高原鉄道となったが，廃止。標津線も国鉄最末期に廃止。

2. 北海道千歳市——「飛行着陸場」から「海軍飛行場」へ

5万分1「千歳」

今日の千歳は人口約10万人にとどまるが,「北海道の玄関」として誰もが知る存在である。ここでは旧版地形図に描かれ,そして改描により図から消された草創期の飛行場について見るとともに,参考図を用いて本地域の改描図以後終戦までの姿を明らかにする。

改描図とされる図Aから飛行場のルーツがどこにあったかをうかがい知ることは難しそうである。20世紀最末期の図(図B)と見比べても,まったく見当がつかない。やはり改描前の図C(配置場所が変則であることに注意されたい)と比べることがどうしても必要となる。

その結果,鉄道(当時は私鉄の北海道鉄道,現在はJR千歳線)の南西,室蘭街道との間に「飛行着陸場」と注記され,その範囲も明示されている。なお「着」の文字の印刷がつぶれていて「著」にも見える。字義は通じるので,あるいは「著」かもしれない。これこそ今日の新千歳空港などの飛行場の発祥の地である。千歳市(2010)によれば,ここは大正末期に地元の熱意により民間機の離着陸が可能な程度の着陸場が設けられ,わずかながら利用されていたが,その後は利用実績が乏しかった。1935(昭和10)年に陸軍の航空演習が東北,北海道で,翌年に同じく陸軍の特別大演習が北海道で行われた際に,この着陸場

は整備拡大されて利用された。地元では永続的な陸軍飛行場となることを要望したが実現せず,結局1937年に海軍の飛行場が設けられることとなり,1939年に一応の完成を見た後も終戦に至るまで拡張が続けられた。その間,関連部隊も設置された。ただし,図Cに描かれたのはあくまでも海軍飛行場以前の「飛行着陸場」に過ぎず,この注記が削除されただけの図Aでの改描は軽微なものであった。

改描前後の地形図の比較は以上で尽きているが,ここでは敗戦直前まで拡張が進められていた海軍飛行場について,1944年ごろの状況を示す軍事秘密の地形図を参考図(図D)として提示する。かつての「飛行着陸場」をはるかに上回る規模となっているだけでなく,旧来の飛行場の東方に新たな飛行場(終戦時には未完成だったらしい)が作られたことが読み取れる。図Dの元となった図は所蔵機関が少ないと思われるが,これとほぼ同内容の図が1946年に地理調査所から発行されている。ただ,その図では図D中にある「格納庫」の注記が消されている。

戦後は米軍が1971年まで千歳に駐留した。自衛隊はそれ以前からここに基地を置き,今日に至っている。米軍駐留時からも民間機の利用は一部行われていたが,1988年に民間専用の「新千歳空港」が隣接地に設けられている(図B)。

3. 青森県弘前市──陸軍第8師団と諸部隊

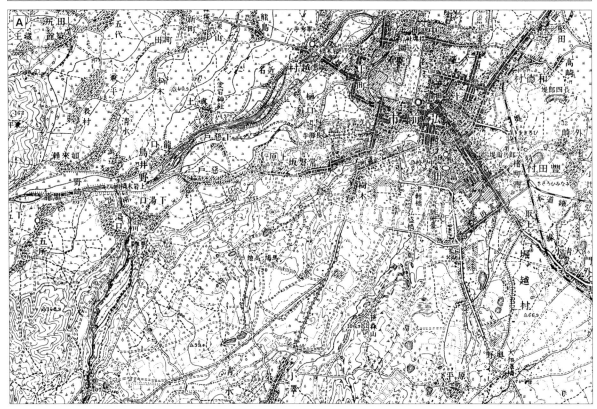

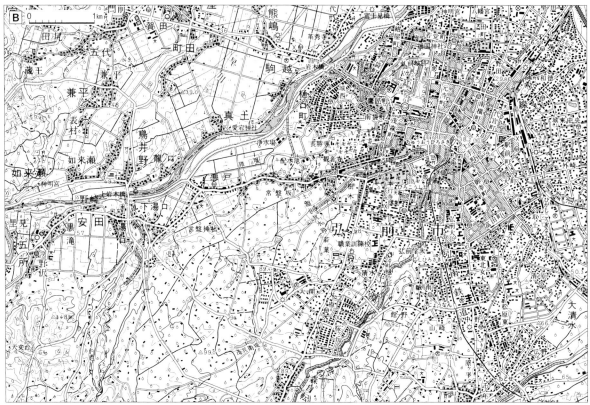

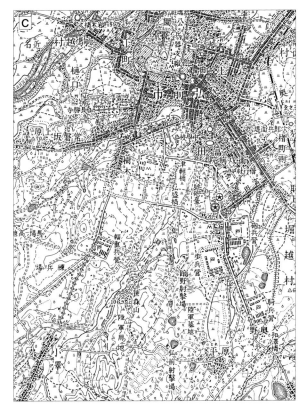

（内陸都市であることから当然陸軍）のかなり主要な施設が置かれていたことを推知することができるのである。

　図Aと図Cを見比べると，ここで改描の対象となったのはほとんどが陸軍の諸施設であることが確認できる。旧城内にも一部の施設（武器庫など）が設けられたが，師団司令部や兵舎などはほとんどが市の南郊に置かれた。名称はおおむね注記されているが，南西郊の陸軍所轄記号だけが記される施設は，元々兵舎だった所が大正末期以後有効利用されていなかったものである。改描の過程では，この一帯も含めて普通の住宅地のように改描された。

　弘前は幸いにも空襲がなかったため，戦災を受けた青森から師範学校や医学専門学校が弘前に移転してきた。師範学校は旧城内の軍用建物に入り，後に新制弘前大学教育学部となってからも約20年間にわたってその場所を占めていた。他に，戦後間もない1947（昭和22）年4月に全国一斉に開校した新制中学の立地場所として旧軍用地が選ばれたケースは全国で見られたが，弘前市でもその例外ではなかった。

　陸軍関係以外で改描された施設は少ないが，奥羽本線弘前駅の南南東にあった発電所の記号が改描図では削除されている。これは明治末期に，ここから約20 km東の黒石川沿岸に設けられた水力発電所から弘前市内に送電された電気を降圧するための変電所であった。なお発電所は戦後のダム建設により更新されたが，変電所は「東弘前変電所」の名で現存している。

　最後に付け加えると，ここで用いた図A，図Cの図歴は「大正元年測図同14年鉄道補入」とされている。ということは，鉄道関係以外の情報は基本的に1912年当時のものということである。師団司令部，旅団司令部の北隣に1923年に建設された弘前高等学校の校舎が図上に見えないのは，そうした事情からである。本書では，この図以外にも最終図歴が「鉄道補入」である図を何枚か用いているが，そうした図では，そこに描かれている内容がいつのものなのかについて慎重に検討することが必要なのである。

　弘前は津軽藩10万石の城下町に起源を有する都市である。明治維新後，県内での位置の偏りなどから県都の地位を得ることはできなかったけれども，1889（明治22）年に早くも市制を施行した（青森の市制施行は1898年）だけでなく，1897年には陸軍第8師団が置かれ，また1921（大正10）年には旧制弘前高等学校の開校を見るなど，県内での弘前の存在感は一貫して大きかった。

　こうした歴史的背景を前提とするならば，ここでの主な改描内容が陸軍関係であることは容易に推測できるであろう。実際，改描図（図A）には市街地南方に「陸海軍官衙」を意味する記号（陸軍を象徴する星印と海軍を象徴する錨印を縦に並べたもの）が見える。もっとも，この記号は戦時改描の開始時に新たに制定されたもので，戦後は当然廃止されたから，過去の地形図の図式を紹介する文献でも，この記号は記されていないことが多い（本書126頁の記号一覧にも載っていない）。そのため，多くの読者にとってはあまり見慣れない記号かもしれない。改描図とはいっても軍関係施設のすべてを消し去ったわけではなく，この記号の存在から，われわれは弘前に軍

4. 岩手県盛岡市──騎兵旅団と工兵大隊

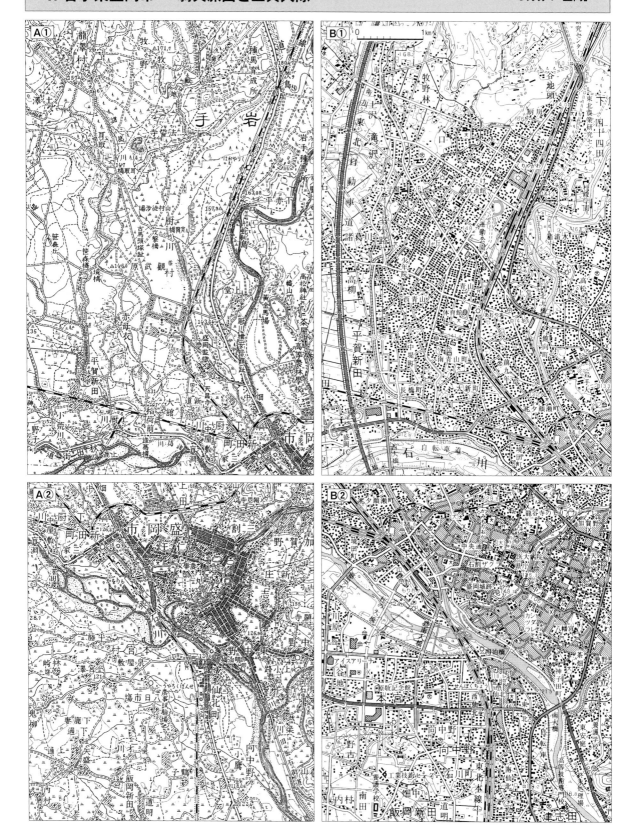

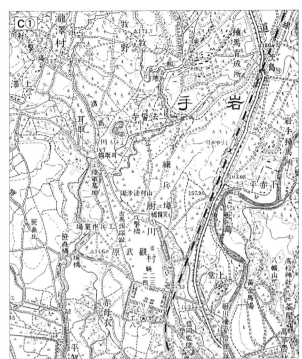

　ここでは，5万分1「盛岡」から2つの地区を取り上げて，改描状況を考察する。一方は①北西の郊外，もう一方は②盛岡の都心部である（一部重複）。なお，結果的に②地区では改描が見られなかったので，図Cでは②の掲出を省いている。

　言うまでもなく盛岡は，南部藩の城下町に由来する岩手県の県庁所在都市である。改描図である図Aを見ると，①地区の中に前項（弘前市）でも見られた「陸海軍官衙」の記号が確認できる。盛岡も内陸都市であり，当然，陸軍ということになろう。

　改描前の図である図C①に示されているように，この地区には工兵大隊と2つの騎兵連隊からなる騎兵旅団が置かれていた。岩手県には，当時の陸軍の主力を構成した歩兵の部隊がどこにも置かれなかった。そのことは全国的には事例の少ないものであった。

　陸軍の部隊が置かれたのは，盛岡市北西郊の岩手郡厨川村である。まず工兵大隊が1908（明治41）年に置かれ，次いで翌1909年に2つの連隊からなる騎兵第3旅団が隣接地に設置された。これらの北側には練兵場が展開し，さらにその北側の「種馬育成所」も「陸軍所轄」の記号が添えられていることで騎兵連隊との関係がうかがわれる。なお改描図で

は，この記号が削除されるケースが多いが，ここではなぜか生き残っている。

　ここで取り上げた盛岡図幅の図歴は「大正元年測図昭和4年鉄道補入」と記されている。つまり鉄道関係以外の内容は基本的に1912年当時のものだったわけで，改描図が作られた1939（昭和14）年（校正刷のため時期が判明する）にはかなり内容が古くなっていた可能性が大きい。じつは，1939年当時は新たな修正図が作成途上で，その図は1941年10月に作られた校正刷や1944〜45年に作られたと考えられる参謀本部名義の図（いずれも改描済）が国会図書館に所蔵されているが，市販図の存否は不明である。なお，改描実施期に作られたこの図には当然「改描前の図」は存在しないので，ここでは軍用地付近だけを参考として掲げるにとどめる（図D①）。

　戦後，旧軍用施設は引揚者のための応急住宅として利用され，さらにその周辺に公的住宅が多く建設された。他に，森永乳業（現存）などいくつかの工場もここに立地した。旧軍時代の面影を留めるものとしては，盛岡ふれあい覆馬場プラザ（騎兵の屋内訓練施設をリノベーションした社会教育施設），盛岡医療センターの敷地の一角に作られた工兵公園などがある。

5. 宮城県塩竈市──埠頭への貨物線など

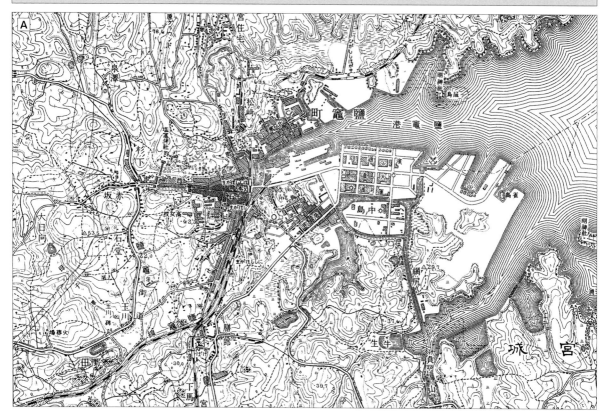

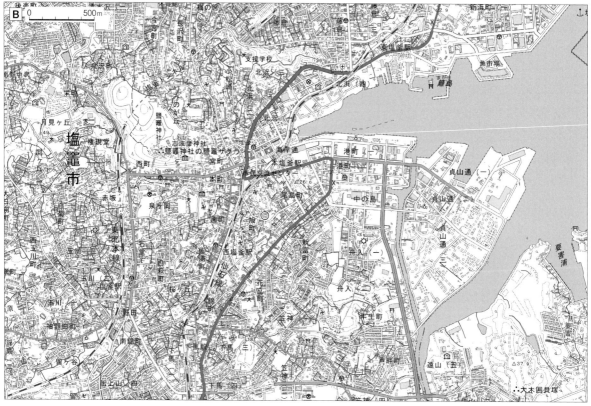

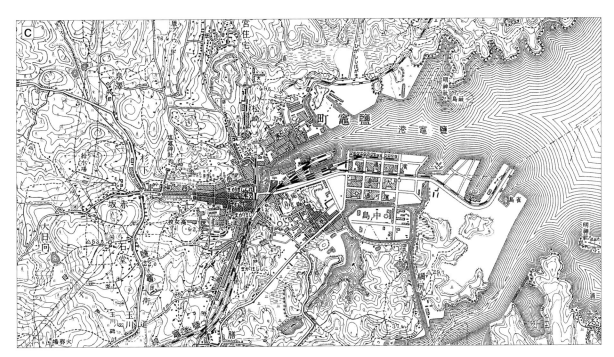

　塩竈は仙台近郊の港湾都市である。古くは仙台藩にとっての港湾として重要な地位を占め，明治中期には現在の東北本線が民間資本の日本鉄道によって敷設されるにあたって，その工事のための資材をここから搬入することが決まり，その結果，1887（明治20）年というごく早い時期に鉄道が開通している。このような，港湾をベースとする交通都市としての性格は，その後も長く維持された。

　港湾都市としての整備が大正，昭和戦前期にも着実に進められていたことは，改描図としての図Aを見ても十分にうかがわれる。しかし何が改描されたのかをこの図から確実に言い当てることは難しそうである。現状を示す図Bと見比べても同様である。

　そこで改描前の図Cを参照すると，主な改描箇所が2つあることが判明する。ひとつは，明らかに人工的に整備されたと判読できる港湾地区に向けて引かれた鉄道線路が消去されたことである。塩竈市（1986）によると，ここに見える港湾地区の造成は1915（大正4）年から20年近くをかけて行われ，貨物線の開業は1933（昭和8）年のことであった。港湾地区に延びる貨物線が改描によって地形図上から消されるのは，「26. 三重県四日市市」の事例とも共通する。なお，ここで注意すべき点は，改描されたのはあくまでも貨物線に限られたということで，港湾自体のレイアウト等については改描されることはなかった。

　他には，西部にあった上水道施設（給水場）が改描されている。塩竈は近代期から今日に至るまで行政領域が狭く，その中には上水道の水源とするのに適した河川や池沼が乏しかった。しかも，塩竈の主産業であった水産業では魚の加工時などに大量の水が必要とされる。そうしたことから，塩竈ではかなり早く，明治末に公営の上水道が建設され，それの整備，拡張は町政にとっての大事業であった（塩竈市1986）。

　一方，図Aと同Cを見比べても工場や発電所などの改描は見られない。工場の記号はいくつか見えるが，業種や企業名を注記として明示するほどの規模の工場は存在しなかったということなのであろう。

　戦後，港湾地区への貨物線はかなり後まで存続したが，本図に見える港湾地区の重要性自体が，より東側（外海側）への港湾造成の進展や，ひいては仙台湾新港の建設などに伴って低下したこともあり，1990（平成2）年に廃止となった。その跡地は緑道とされてはいるものの，2022（令和4）年春の現地踏査時には，やや荒廃した印象を抱いた。あるいは，2011年の東日本大震災の被害が尾を引いているのかもしれない。

26

6. 秋田県にかほ市──日本有数だった院内油田　　5万分1「象潟」

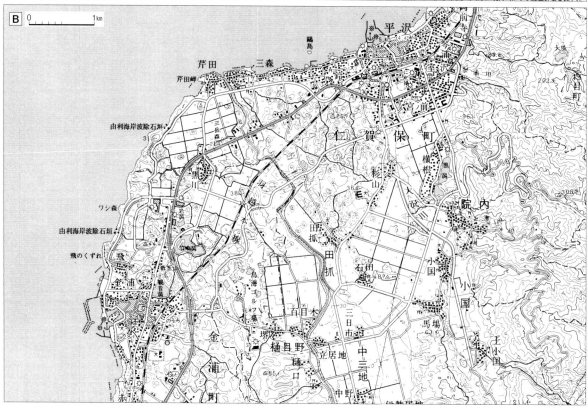

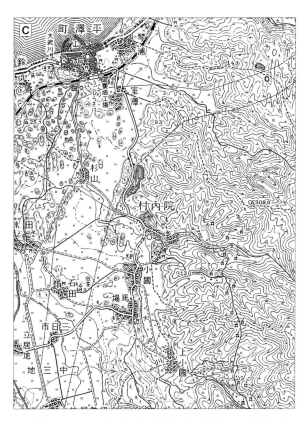

　改描された地形図を各府県から最低1か所選ぶという作業の過程で，秋田県はなかなか選定が進まなかった県のひとつである。そして最終的に本図幅を選んだ。なお，にかほ市は2005（平成17）年に成立した新市で，図Bにもその名称は記されていない。

　この図の場合，改描図（図A）をかなり念入りに眺めても，改描箇所の特定はまず不可能と思われる。また，21世紀初頭の状況を示す図Bの中にも手がかりになりそうな地物は少ない。強いて想像をめぐらすならば，ある程度の規模をもつ工場が図B中にいくつか見えるので，あるいはそれらの前身の何かが改描されたのであろうか？

　改描前図（図C）に基づいて種明かしをすると，ここでの主な改描地物は多数の油井で，関連して製油工場も改描された。近代の日本において秋田県が新潟県と並ぶ産油地であったことは周知の事実である。秋田県の油田としては，秋田市内の八橋油田がよく知られているが，ここ院内油田は県内最南端の油田であった。なお秋田県内には「院内」という地名がここから約40 km東南の湯沢市にもあり，銀鉱山が有名であったが，そことは別の場所である。

　この一帯に石油資源があることについては，お雇いアメリカ人ライマンの調査によって1870年代には知られていた。その情報に基づいた採掘の試みもあったが，成功しなかった。投下資本の不足とそれに伴う採掘手段の不十分さのためとされている。

　1920年代に入って本格的な採掘が始まり，1930年代には日本石油，中野興業，旭石油，大日本石油鉱業の4社入り乱れての採掘競争となった。その結果，図Cの修正年次である1934（昭和9）年ごろには，院内油田（南に隣接する小国油田を含む）は全国でもトップクラスの原油産出量を示すに至った。

　図Cを見ると，まず鉄道（羽越本線）の「うごひらさわ（羽後平澤）」駅（現在の駅名は「仁賀保」）に隣接して製油工場が見える。仁賀保町史編纂委員会（1972）によると，これは丸新製油所平沢工場と称し，1931年に作られたものであった。また，ここから東南の山間部には油井を示す記号が約20描かれている。5万分1という縮尺ではすべての油井が網羅的に記されることはなく，当時のこの地の油井の総数は，川村（1936）によれば約100に達していた。

　図Aでは油井の記号が消され，製油工場も注記だけでなくレイアウトも改描された。「石油の1滴は血の1滴」のスローガンが叫ばれた当時の日本にとっては，当然のことだったのかもしれない。

　院内油田は戦後もかなり長く操業を続けていたが，1969年に製油所が閉鎖されたのに続いて，1971年には帝国石油が採掘を終え，それを引き継いだ地元資本による採掘も1995年には終わりを告げた。今，跡地ではわずかな原油汲み上げ櫓と機械小屋が当時の面影をとどめている。

　なお，図B中に見える大規模工場は電子部品工業のTDKのもので，すでに1940年に創業者の出身地であるこの地に進出しており，製油所の後継工場というわけではない（斎藤1982）。

　改描とは関係ないが，本図には興味深い地形が見える。平野部に点在する小山のようなもので，これは約2,500年前の鳥海山大噴火の際に生じた山体崩壊の結果，土石流が約20 km下流のこの地にまで達したことによる地形とされ，「流れ山」という地形名で呼ばれている。

7. 山形県山形市──歩兵連隊と工場

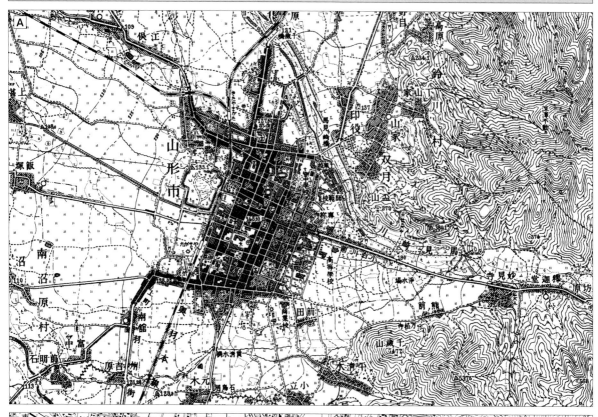

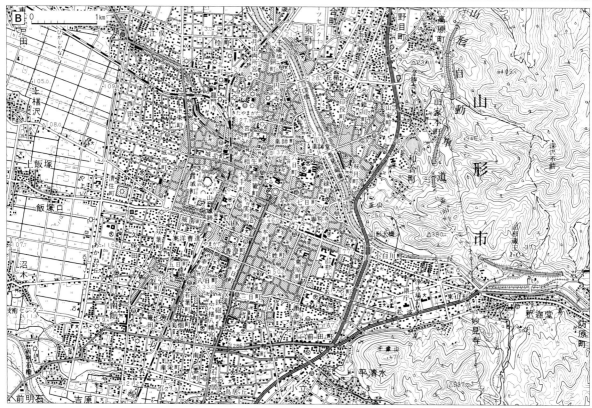

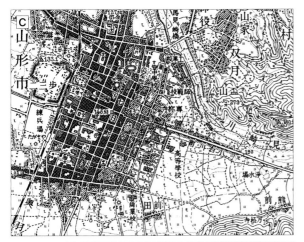

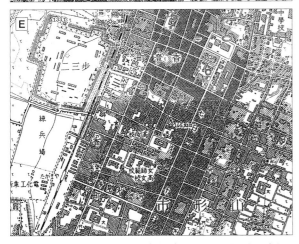

山形は山形県の県庁所在都市である。図中に堀が明瞭に見えることからもうかがえるように城下町に起源をもつが，城下町あるいは藩としては，米沢と比べて，それほど目立つ存在ではないかもしれない。城主がかなり頻繁に交代したことなどがその理由であろうか。

さて改描図とされる図Aを見ても改描箇所を容易に見出すことができない。それどころか，塩竈などで改描の対象とされた浄水場がここでは改描されずに残っている。これはどうしたことであろうか。

これ以上の追究はやはり改描前の図（図C）と対比することが必要となる。その作業によって，ここでの改描は，1898（明治31）年に設置された陸軍歩兵第32連隊に関する諸施設が対象であったことを確認できる。とはいってもそれほど多くの施設があったわけではない。旧城内にあった兵舎，その南隣の練兵場，鉄道の東側にあった「陸軍所轄」記号の付いた病院（改描期の名称は「陸軍病院」）などがすべてと思われる。

5万分1図での改描箇所が少ないことで若干生じたスペースを利用し，参考図として2万5千分1地形図「山形北部」と「山形南部」を貼り合わせたものを掲げる。図Dが改描図，図Eが改描前図である。それらから，5万分1図では工場の記号だけが記されて改描の対象とならなかった練兵場に隣接する工場について，改描前の図にあった「電化工業所」の注記が改描図では消されていることが分かる。この工場が「山形電気化学工業所」の名称で操業していた期間はごく短く，むしろ「鐵興社」としての期間が長かった。業務内容としては電炉を用いて鉄などの合金を製造するのが中心で，戦時期には軍需もかなりの割合を占めていた。なお，5万分1図で改描されなかった浄水場は，2万5千分1図でも改描の対象とはならなかった（ただし，参考図の範囲外）。どうやら浄水場は改描対象とすべきか否かのボーダーライン上の地物であったらしい。

戦後，連隊跡地には兵舎を転用した引揚者住宅や中学校が設けられ，その後，野球場などのスポーツ施設なども設けられた。練兵場跡地の一部は住宅地として利用され，また工場用地に組み込まれた箇所もあったようである。鐵興社は1975（昭和50）年には東洋曹達（現・東ソー）と合併したが，1990年代に工場閉鎖となった。今日では，城跡の整備に加えて，練兵場跡地や鐵興社工場跡地を含めた再開発事業が進行中である。そこには，オフィス，ホテル，通信制高校などの入る24階建ての高層ビルや2棟のホールが建てられている。

8. 福島県会津若松市と周辺——水力発電所と工場 5万分1「喜多方」他

猪苗代湖から流出する唯一の自然の河川である日橋川は，急流を形成しつつ会津盆地へと流れ下る。この川は西流して阿賀川と合流し，新潟県に入って阿賀野川となるが，ここでは会津盆地に入ってすぐの地域を取り上げる。

改描後の図Aから改描箇所を特定することは難しいが，ここの場合には現状図（図B）を参照することで容易に改描箇所を推測することができる。日橋川に沿っていくつか設けられた水力発電所と，それらの一部の近くに設けられた，かなりの規模を有しているように読み取れる工場ではないのか？

このことを確認するには，やはり改描前の図を参照することが必要である。その図（図C）には予想通り発電所と工場が記されており，それらが改描対象とされた事実が判明する。

図Cに見える発電所は，上流側（図右側）から順に「東電第二」，「東電第三」，注記のない発電所，「東電第四」の4つである。ここで「東電」とは今日の「東京電力」そのものではなく（その前身企業のひとつではあるが），「東京電燈」の略称である。注記のない発電所はいくつかの資料によると「日橋川発電所」である。日橋川発電所が最も古く明治末の完成，後はいずれも大正期の完成である。

発電所の近くにある工場としては，「東電第二」の近くに「曹達（ソーダ）」工場が注記されている。注記のない発電所（日橋川発電所）の隣には，こちらも注記はないもののかなりの規模と判読できる工場が描かれている。なおこの工場は，今日では昭和電工の経営であるが，同社がここに工場を開いたのは1939（昭和14）年で，それは図Cに記号のある別の工場の閉鎖後15年以上を経ていた跡地に入ったものという。図C（や図A）に工場名の注記がないのはそのためかもしれない。ただ，閉鎖されていたはずなのに，工場の記号はなぜか両方の図に見える。

ここに描かれている地区から日橋川の少し上流にはもうひとつの水力発電所（東電第一発電所）がある。含まれている地形図が隣の「磐梯山」図幅であることもあって，ここでは改描図は省き，改描前の図のみ参考図（図D）として掲げる。上記の諸発電所がいずれも地元の電力需要を前提としたのに対して，この発電所は本地方では最も早く1915（大正4）年に東京方面への送電を開始した。

この地区の場合は，改描された地物のその後の変化という点で，本書で取り上げた50地区中，最も変化の少ない部類に属する。水力発電所はすべて現存しているし，工場も，業種の転換はあるものの，図Cに表示された工場はいずれも現存する。新たな工場の立地も図Bから知られる。

9. 茨城県阿見町と周辺──予科練の故地

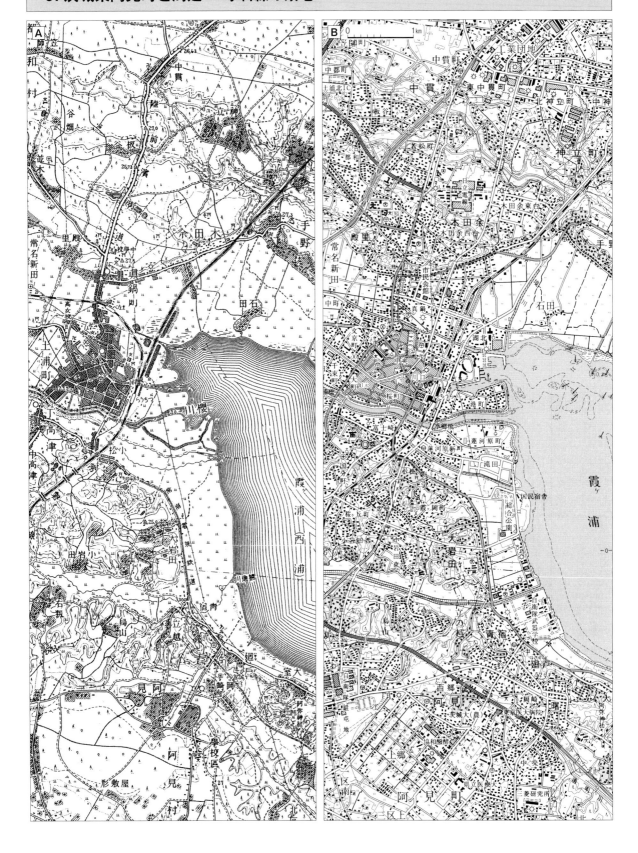

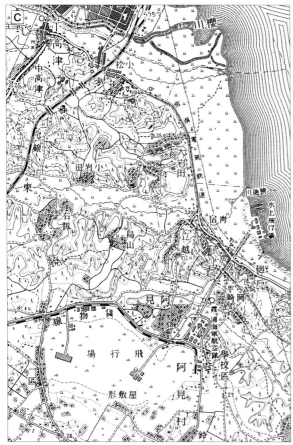

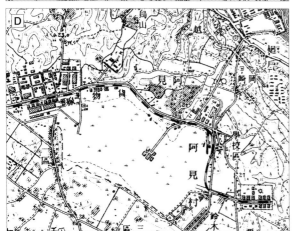

湖岸に自衛隊の駐屯地があり，この辺りが疑わしい。そこで改描前の図である図Cを見ると，この推測の一部は当たり，一部は外れであることが判明する。今日自衛隊の施設（武器学校）がある一帯は確かにかつて改描の対象となった水上飛行場の跡地である。しかし，改描されたのはそこだけではなく，内陸部に広く展開した海軍の飛行場と関連諸施設も対象であった。これらの諸施設は，阿見町（1983）によれば1921（大正10）年に開設されたもので，当初から陸上機，水上機双方の離着陸に対応していた。

ここにあった機関として有名なのは，「予科練」の略称で知られる「海軍飛行予科練習部」であろう。ただし，この機関がここに置かれるのは1939年のことなので，ここで用いた図（1929年修正）にその名称が記載されていないのは当然である。

図Cにはまた，霞ヶ浦海軍航空隊に至る貨物線も描かれている。スペースの制約で，この貨物線の起点となる駅は図の外となっているが，元の図によると常磐線の荒川沖駅である。

これらの海軍関係施設は図Aでは注記，記号ともすべて改描された。特に目を引くのは水上飛行場とその周辺の改描である。注記を削除するだけでなく，霞ヶ浦を一部埋め立てて造成されたと思われる施設をすべて削除して，造成以前の姿と思われる表現にしたり，そこに通じる道路の両側の盛土の表現を削除して，道幅も実際より狭く（3m以上あったのを1m未満に）偽装したりしている。

海軍の航空関係諸施設以外での改描事項は少ない。土浦駅構内の側線が消去されていること，常総電気鉄道の沿線にあった発電所（または変電所）の記号が削除されていることなどが指摘できる。

本地域では，改描前図の修正年次である1929年以後にもいくつかの面で時局を反映した土地利用変化が生じた。その状況は太平洋戦争最末期の状況を示すと考えられる参考図（図D）から知ることができる。

内陸部の旧軍用地には，戦後比較的早くから茨城大学農学部や東京医科大学の一部施設が置かれた。後に陸上自衛隊が入り，今日ではそれらに加えて茨城県立医療大学も設置されている。

茨城県南部，霞ヶ浦の西南端というべき地域である。ここで取り出した範囲では北部が土浦町，南部が阿見村であったが，土浦町は改描図が作られた直後と思われる1940（昭和15）年に市制を施行した。項目名としては，改描された地物の多かった阿見村の現在の名称である阿見町を採用した。

改描された図Aから改描地物を推測することは難しい。そこで現状を示す図Bを見ると，霞ヶ浦の

10. 栃木県日光市——多彩な改描対象

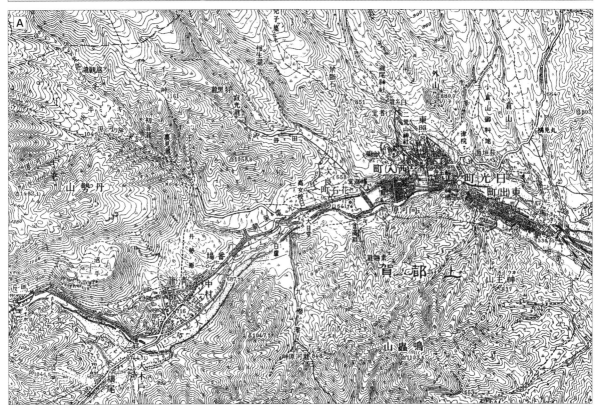

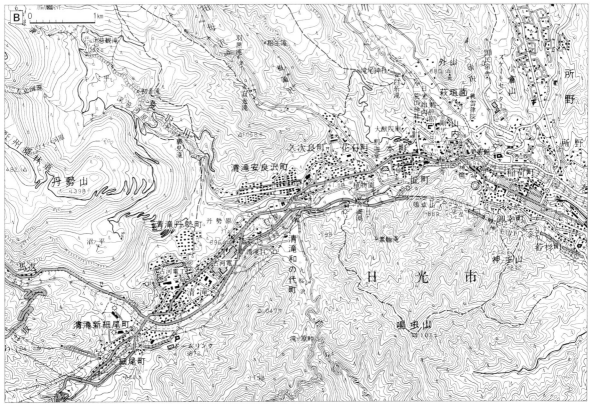

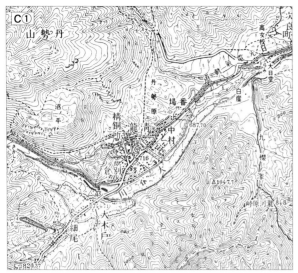
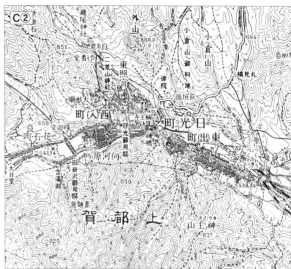

日光は東照宮，二荒山神社，輪王寺（総称して二社一寺）や中禅寺湖，華厳の滝を中核とする観光地として名高いが，市内の清滝地区には，そこから峠を西に越えた足尾（ここも今日では日光市の一部となっている）で産出した銅の精錬工場に起源をもつ工場が今も操業するなど，一面では工業都市としての性格も有している。こうしたことから，本図幅では性格の異なる各種の地物の改描が行われた可能性が存在する。

とはいえ，改描図（図A）だけを見ていたのでは，改描箇所の特定は困難なように思われる。現状を示す図（図B）を見ると，「古河電工」の注記のある工場が示されている他，発電所も相当数確認でき，改描箇所をある程度推測できるように思われる。

その上で改描前の図（図C①，C②）を見てみよう。図Bに「古河電工」の注記のあった工場は，ここでは「精銅所」と記されていて，業種が判明する。また①②両地区併せて五指に余る発電所の記号が確認できる。さらに，図Aや図Bからは推測できなかった地物として，改描前の図C②には「日光御用邸」と「田母沢御用邸」という2つの「御用邸」があった。御用邸とは皇室の別荘を意味し，どちらも改描（注記削除）されたのは当然とも言える。より大きな面積を占めていたのは田母沢御用邸で，健康に問題を抱えていた後の大正天皇の静養のために1899（明治32）年に設けられたものとされているが，改描が行われていた時期には，当時学習院初等科在学中の

皇太子（現・上皇）の疎開先となったことでも知られている。

一方，清滝地区の精錬所は，足尾銅山で産出し鉱山近くの精錬所で粗銅にまで精錬されたものを，ここでさらに精錬して各種の銅製品に加工するための施設である。鉱山と同じく古河鉱業による経営であった。

発電所の改描も何箇所かで行われた。田母沢御用邸の南，大谷川沿いにあった発電所は「日光第二発電所」という名で，古く1890年代にまでさかのぼる，日本有数の歴史の古い水力発電所である。

以上で紹介した改描された地物は，多くが現存している。2つの御用邸は戦後ほどなく皇室財産でなくなった（現存する御用邸は栃木県那須，神奈川県葉山，静岡県須崎の3つ）。日光御用邸は輪王寺本坊となり，田母沢御用邸は，一時は修学旅行生向けの宿泊施設として利用されるなど変転を経た後，今日では田母沢御用邸公園の名称の下で，建物内部も一般に公開されている。一方精錬所は，足尾銅山の閉山後も輸入銅を原料として銅製品の製造を行っている。いくつかの発電所も現役である。

ここで改描図として掲げた図は，定価欄にカッコがなく，記号欄に「陸海軍官衙」記号も記されていないなど，改描制度開始直後の時期の図の特色を示しているが，発電所記号の削除が行われている点にも留意しなければならない。いずれにせよ改描図であることに疑問の余地はない。

11. 群馬県桐生市──線路同士が平面交差？

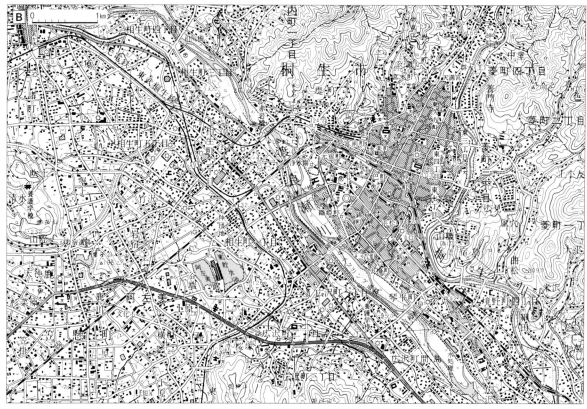

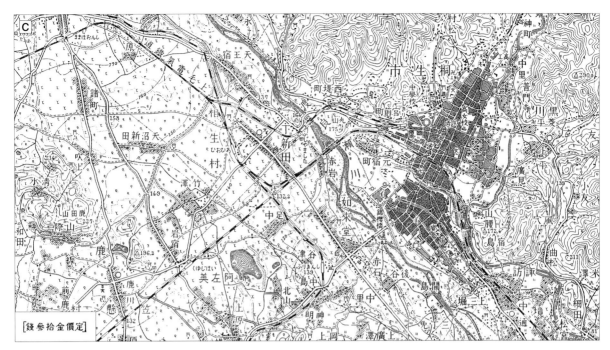

近代日本の機業地として知られた桐生である。群馬・栃木の県境付近に位置し，ここに掲げた図の中でも東部はかつては栃木県に属していた（1959年に大部分が桐生市に編入）。

それはさておき，ここでもまず改描図（図A）を眺めてみよう。規模の大きそうな工場がいくつか見られるが，どれにも注記はなく，その点が改描の結果なのだろうか。それを知る手がかりとして，産業構造の激変した今日の地形図（図B）が有効とは考えにくいので，図Aと同じ図歴をもつ別の地形図（図C）と比べてみることにしよう。この図は国会図書館に所蔵されるもので，不思議なことに定価欄には［　］が付いている。つまり改描不要の図ということである。また図中にも工場名の注記はなく，上で可能性を示唆した図Aの工場改描は否定される。そこであらためて両図の表現を念入りに比較してみると，図Aでは鉄道沿線の表現がかなり簡略化されていることが分かる。より具体的には，線路の路盤に盛土がなされている状況を示す表現が図Aでは省かれているだけでなく，2本の路線が立体交差している箇所（2か所ある）において，どちらが上でどちらが下かという点を明示する表現が削除されていること，言い換えればすべての鉄道路線の交差が平面交差であるかのように描かれていることである。

どうしてこのようなことが生じたのであろうか。答えとしては，図Cが発行された1940（昭和15）年12月28日の時点では問題のなかった鉄道線路関連の表現に関する基準がそれ以後に改訂され，新たな基準に準拠した図として図Aが作られたということ以外には考えられない。図Aは，表示されている発行年月日こそ図Cと同じ「昭和15年12月28日」であるが，図の右肩の「五万分一」という縮尺を示す文字が大きいことなど，実際に作られた時期はかなり遅いことを示唆する特徴がいくつか認められる。筆者がこれまでに調べたことから推測すると，図Aが作られた時期は1942年夏から翌年夏までの1年間に絞り込むことができそうである。

図Aでは他に，渡良瀬川の鉄道橋が2か所とも消されていることも指摘しておきたい。

図Aが作られた頃になると，絹織物がぜいたく品とみなされたことから桐生の織物業は著しく生産を縮小し，規模の大きな工場の中には軍用機の部品の工場に転換されるものもあった。戦後再転換された工場も含め，今日の桐生では戦前からの織物工場はほとんど残っていない。

なお図Aの中には，工場や発電所の記号がいくつか見られる。それらが消去されずに残った理由は不明である。

12. 埼玉県さいたま市──鉄道工場と無電受信所

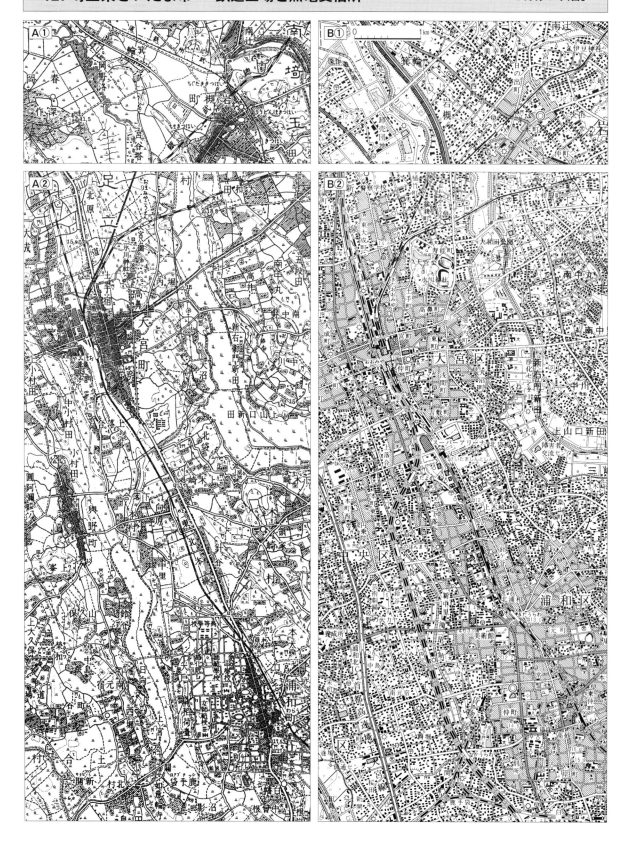

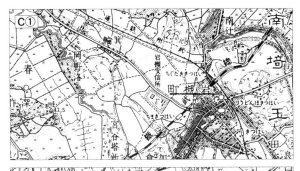

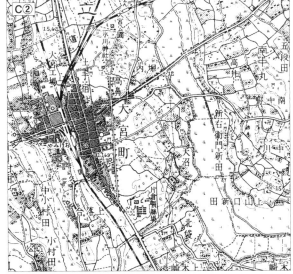

埼玉県の改描図の事例として，この図幅が最適であるか否かについては，あるいは見解が分かれるかもしれない。しかし，この図に改描が施されていることは事実であり，県庁所在地であることも考慮して，ここを取り上げることとした。なお図の発行時点では，掲出箇所中に県庁所在地の浦和を含めて「市」はなかったが，その後（時間差はあるが）浦和，大宮，岩槻がいずれも市制を施行した。しかし21世紀に入ってから行われた「平成の大合併」の結果，これらはすべて「さいたま市」の一部を構成することとなった。

　さて，改描図（図A）は①が岩槻の中心部，②が大宮から浦和にかけての東北本線沿線（大宮駅以北の高崎線沿線を含む）を示している。どちらの地区についても，改描箇所を発見するのは容易ではなさそうである。②で高崎線が単線として表現されていることが，あるいは改描の結果かと推測されるかもしれないが，やや印刷が不鮮明ではあるものの東北本線は複線として描かれているのであるから，この推

測はおそらく当たっていないであろう。

　そこで，この図で改描された箇所について改描前の状況を示した図Cと見比べてみよう。まず①地区については，土塁のようなものに囲まれた建造物に「岩槻受信所」の注記が無線電信電柱の記号とともに記されていて，これが改描の対象とされたことが知られる。一方②地区では2つの工場について名称の注記が削除されたことが改描内容であった。ひとつは大宮駅の北にあった鉄道工場（注記は「大宮工場」）で，もう一方は大宮の中心市街地の東南にあった「片倉製糸場」である。県庁所在地の浦和町（市制施行は1934年）の中心部には改描されるべきものは何もなかったということになる。

　上で言及した高崎線の単線・複線の問題については，改描前の図でもやはり単線の表示であった。高崎線がこの時期にもなお単線であったとはにわかに信じがたい。そこで，この間の事情について資料をチェックしてみたところ，意外な事実が判明した。それは，この図に見える範囲内での高崎線は，1927（昭和2）年にはすでに複線化していたということである。では，なぜその事実が地形図上に反映されなかったのであろうか。それを解くための手がかりとして，ここで用いた図の図歴について確認すると，「明治39年測図大正13年修正測図昭和4年鉄道補入」とあり，発行は昭和5年5月30日である（ただし改描図は校正刷のため発行日の記載はない）。「鉄道補入」の際に新たに複線化した区間について加筆するということは，どうやら行われなかったようである（単なるミスの可能性も排除できないが）。ちなみに，「大正13年」（1924）に未開通で「昭和4年」（1929）には開通していた鉄道とは，掲載図中にも見える総武鉄道（現・東武鉄道野田線）である。

　この地域のその後の変化には著しいものがある。修正測図の行われた1924年から起算すれば100年にもなるのだから当然とも言えるが，本書で取り上げた50地区の中でも有数の激しい変化ということは誰しも認めるであろう。その間の変化の諸相について文章で表現することは，ここではあえて省くことにする。図Bをじっくり読図した上で理解していただきたい。

13. 千葉県習志野市──1万分1図で改描された陸軍部隊

1万分1「津田沼」他

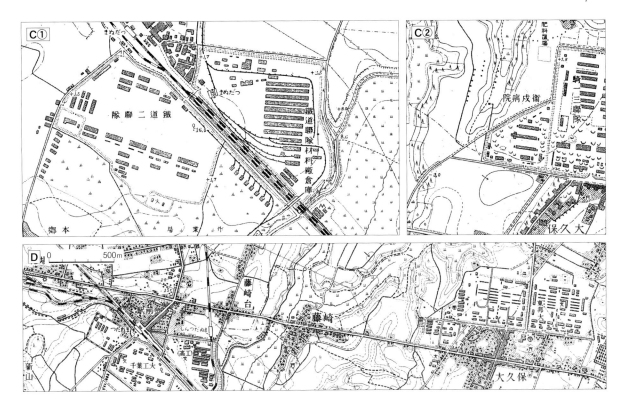

戦前の1万分1地形図で公刊されたのは六大都市地域にほぼ限られた。唯一の例外とも言うべきものが，ここで取り上げる「下志津及習志野原近傍」のシリーズである。大正期に11面が作成され，昭和に入って3面が新たに加わって全14面となった。本地域について1万分1地形図が作られたのは，この辺りには陸軍の各種の部隊や演習場が多く立地していて，演習用などで大縮尺図の需要が多かったことが理由であろう。

改描図の図Aには，①地区にも②地区にも不自然な表現の箇所が見られる（両地区の間には約1.5kmの間隙がある）。①地区中の鉄道「つだぬま」駅の南や東南の地区は，このように表現される地物が何なのか想像困難なほどである。1万分1という大縮尺の図での改描の限界が示されているというべきであろう。

改描前の図Cと見比べてみよう。上述の①地区中の不自然な箇所は鉄道連隊と関連施設，②地区にも見られた不自然な区画は騎兵連隊の一部であった。前者は鉄道の建設，補修，運営などに特化した部隊で，ここの第2連隊の他に第1連隊が千葉市内に置かれていた。後者については，ここに注記のある13連隊の他に隣接の「大久保」図幅に14から16の3個連隊が順に並んでいた。同一兵科で4個連隊が並ぶというのは，他にまず例を見ないものではなかったか。これは，首都東京に近衛師団と第1師団という2つの師団が置かれていたことと関係している。13連隊と14連隊が近衛師団に，15連隊と16連隊は第一師団に属していた。

戦後，これらの旧軍施設にいち早く入ったのは，旧鉄道連隊（材料廠倉庫）に入った千葉県立工業学校（後の県立工業高校）と旧騎兵連隊兵舎に入った帝国女子医学薬学専門学校（後の東邦大学）の一部等で，どちらも空襲で校舎を失っていたものが1946（昭和21）年に新たな校舎をここに求めたのである。後に旧鉄道連隊兵舎に千葉工業大学が，旧騎兵連隊兵舎に日本大学の一部の学科が入ったが，千葉工業高校はその後千葉市内に移転した。参考図として掲げた図Dは，その間の1950年代前半ごろの状況を示している。

今日では2地区とも都市化の進展が著しい。特に旧鉄道連隊周辺は，JR津田沼駅と新京成電鉄新津田沼駅の存在という交通の便利さもあって，今日ではきわめて繁華な商業地区となっている。

42

14. 東京都荒川区──大都市周辺部の大規模な改描事例

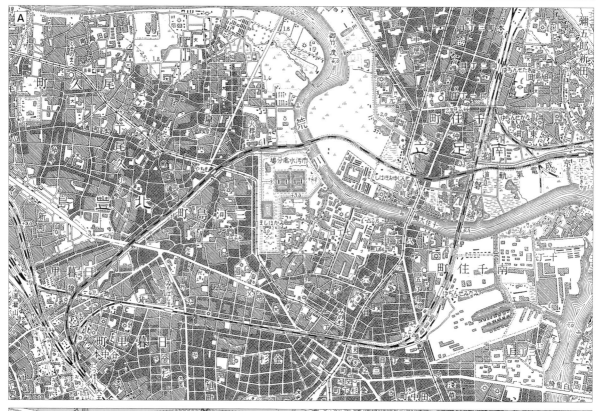

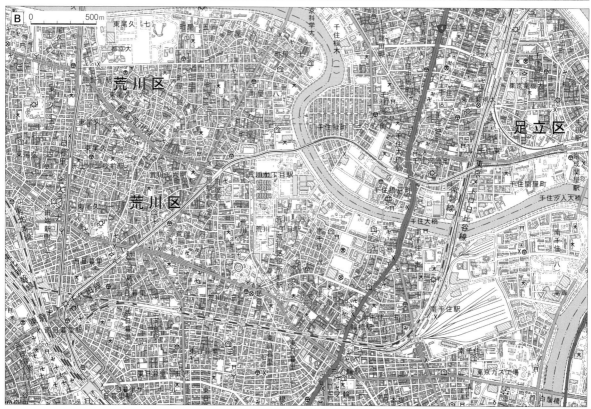

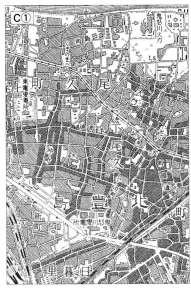

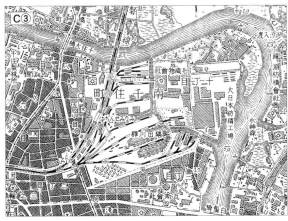

東京都心から北北東約10kmに位置する地区で、荒川区の中部から東部に当たる。この辺りが東京市に編入されたのは1932（昭和7）年であったから、同年修正、1934年発行のこの図には新しい行政地名が記されていてもよさそうに思えるが、なぜかここでは編入前の地名や行政界が表示されている。おそらく、新たな内容の図を作ることによって発行が遅れるのを避けたかったのであろう。

改描図（図A）にはいくつか不自然に見える箇所が指摘できそうである。特に荒川（と注記されているが、今日ではこの付近での正式名称は隅田川）が蛇行する辺りの広大な地区では、川からの湾入の表現が明白に人工のものであるにもかかわらず、建造物はあまり見られないなど、改描を強く疑わせるものである。他にも「土圍」（土塀）や「垳工牆」（石やコンクリートの塀）で囲まれて注記のない施設もいくつか

あり、疑問を抱かせる。

図Bとの間の変化はあまりにも大きいと考えられるので、すぐに改描前の図（図C①〜C③）との比較に移ろう。ここでは紙面節約の必要上①〜③の3枚の図に分けているが、その内最も東の③地区では荒川（隅田川）の東岸まで入れた。

①地区では発電所1つ、変電所2つが改描されている。②地区では北から順に火力発電所、皮革工場、千住製絨所が改描された。千住製絨所は「陸軍所轄」の記号が添えられていることからもうかがえるように、軍服用の毛織物を作る工場で、近代的な毛織物工場として日本最古級の歴史をもっていた（1879年に内務省所管の官営工場として創業、農商務省を経て1888年から陸軍省所管）。③地区で改描されたのは、広大な面積を有していた隅田川駅（1896年開業：貨物専用）、毛織物会社、紡績工場、瓦斯会社である。3つの地区を通じて産業関連の施設の改描が多く、この地区の性格をよく表している。

これらの改描施設の中で、貨物駅とガス工場はどちらも現存する。とはいえ、前者は規模がずいぶん縮小している。図C③を見ると、この駅は隅田川を利用した水上輸送とリンクしていたことがうかがえるが、もちろん今日では水運とのリンクはない。一方のガス工場は80年前と比べても敷地の広がりにあまり変化が見られない。ただ、敷地内部の用途については、門標に記された名称から生産部門と直ちに理解できる施設はなさそうである。それでもガス会社のシンボルともいうべき大きな球形のタンクは確実に現存している。

かつての毛織物工場と大日本紡績工場の敷地全体、貨物駅敷地の一部などは、戦前から隅田川沿いに存在した旧集落ともども、ここ30年ほどの間に大規模な再開発の対象となった。その様子は図Bから容易に読み取れるであろう。

なお千住製絨所は戦後民間に払い下げられたが、10年程で廃業し、その跡地にプロ野球パリーグの大毎オリオンズ（現・千葉ロッテマリーンズ）の本拠地「東京スタジアム」ができた。しかし、それも10年ほどで終わり、今日では複合的な土地利用となっている。

15. 東京都立川市と周辺──最大規模の改描図

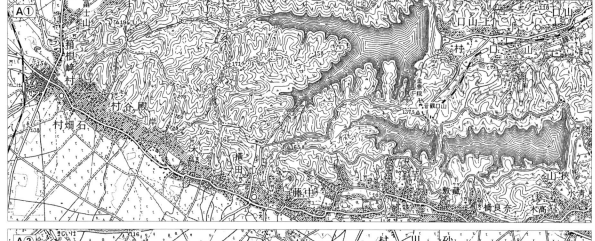

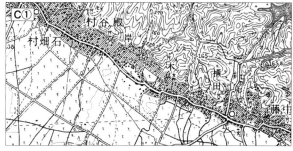

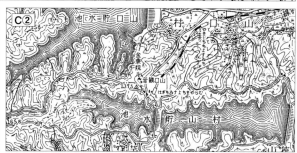

　ここで扱う地域の改描についてはしばしば言及されていて，今さらの感がなくもない。それをあえて取り上げるのは，ひとつには，5万分1「青梅」図幅は元図の異なる2種類の改描図が存在するという（唯一ではないが）珍しい事例だからであり，他には，ここでは関連資料を利用することで終戦直前の頃の地域像を知ることができそうだという，他の地域にはほとんどない有利な条件が存在しているからである。そうした事情から，本項目は4頁を用い，さら

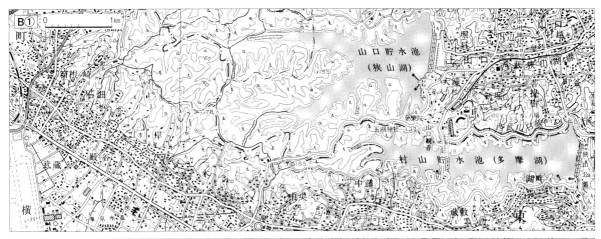

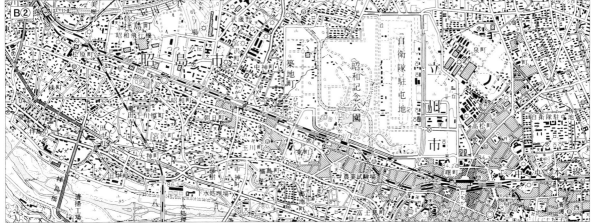

にレイアウトや記述方法も他の項目とはかなり異なったスタイルをとる。

　まず図Ａは，1930（昭和5）・33年部分修正，1935年鉄道補入，同年発行の図をベースとする改描図である。改描箇所の所在場所の関係で2地区に分けて示している。2地区中，①地区は改描内容が分かりにくいかもしれないが，②地区については，立川駅の北西側にある正方形に近い形を構成する道路で囲まれた一帯がかなり不自然に見える。

　現代図の紹介を後回しにして，改描前の図Ｃから種明かしをすると，①地区は暗渠水路と2つの大きな貯水池の表示法などが，②地区では飛行場とその関連施設が改描されたことが分かる。暗渠水路には注記がないが，そのルートをたどっていくと，山口貯水池と村山貯水池に通じている。図Ａではこれらの貯水池の名称が関係する駅名を含めて削除されただけでなく，締切堤防の表現も改描され，さらにそこから下流方向への暗渠水路も消去された。

　5万分1「青梅」図幅については，図Ａで用いた改描図の作成と並行して新たな修正版のための準備が行われていた。その成果が図Ｄである。この図の発行は1942年7月で，当然，改描図であった。ここでの掲出範囲は図Ａや図Ｃとは少し異なるので完全な比較はできないが，それでも，立川飛行場が改描されていることは，図Ａについて指摘したのと同じ理由で推測可能である。図Ｄでは，図Ａと違って鉄道関係でも改描が見られた。中央本線の複線表示が省かれたことや鉄道線同士が平面交差しているような表現が複数箇所で指摘できることに加えて，貨物線が消去されている（にもかかわらず「貨物線」という注記はなぜか残っている！）。なおここでは掲出を省いたが，図Ｄの元となった図では，2つの貯水池が水面でなく芝地のように改描されている。

　一般には，戦時改描実施期に入ってから新たに修正等により作られた改描図については「改描前図」が存在しないため，2枚の図を比較して改描実

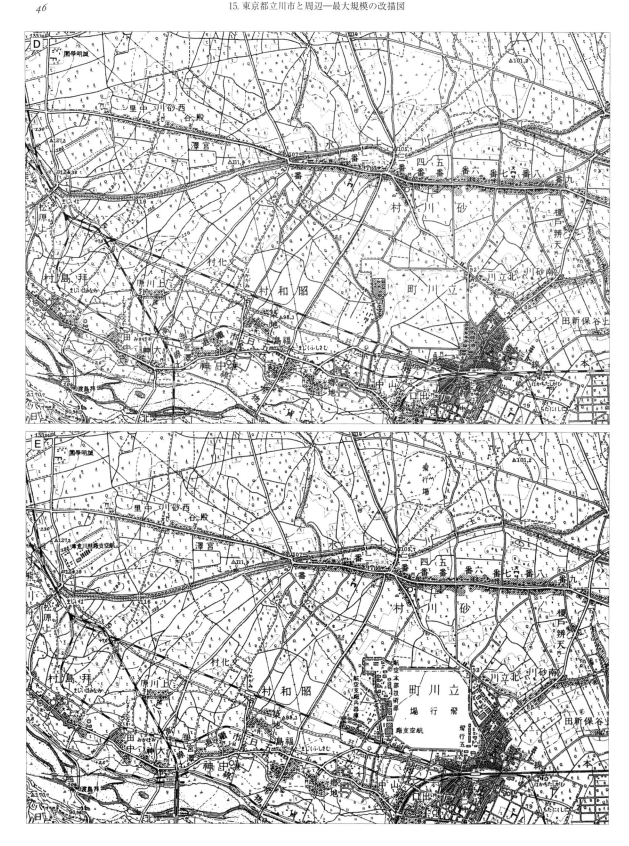

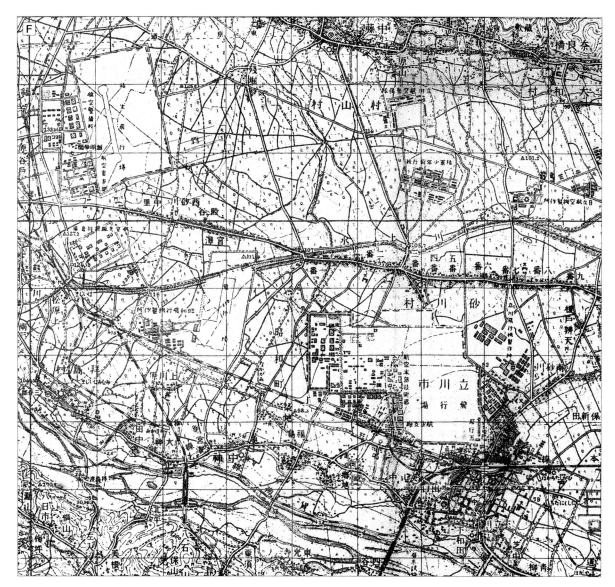

態を探るという方法がとれない。ところが幸いなことに、この図の場合には戦後になってから「改描前図」に相当する図が公刊された。それが図Eである。鉄道関係の改描がすべて本来の表現に直されているだけでなく、飛行場等に添えられていた旧軍関係の施設の名称も復活した。戦後図では軍関係の注記は削除されることが通例であったから、この図の場合は例外的である。

「青梅」図幅の改描に関する解説を以上で終えることも可能である。しかし図D（および図E）の最終図歴として記された1937年以後1945年ごろまでの本地域には、さらなる変化が生じていた。これも幸いなことに、われわれはこの変化のあらましを知る

ことのできる資料を有している。それが「集成5万分1地形図」シリーズ中の「東京3号」である（図F）。図Eと比べてもなんと多くの飛行機関係の施設が描かれていることか。唖然とするしかない。

説明の順序が逆になったが、図Bが現状に近いもので、範囲は図Aに合わせている。戦後30年余にわたって存続した立川の米軍基地は1977年に返還された。その後の跡地利用計画をめぐる国、東京都、立川市の協議は難航したが、結局、図Bに見える結果となった。一方、図Eまでは記載がなく、図Fで初めて「福生飛行場」の名で描かれた飛行場は、戦後米軍に接収されて、今日の横田基地となっている。図B①にそのごく一部だけが見えている。

16. 神奈川県横浜市——港湾都市の多様な改描

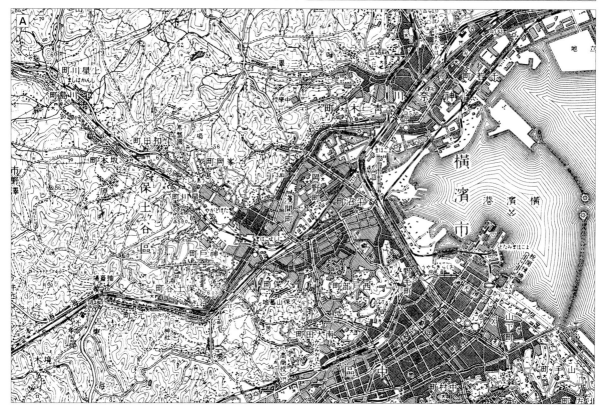

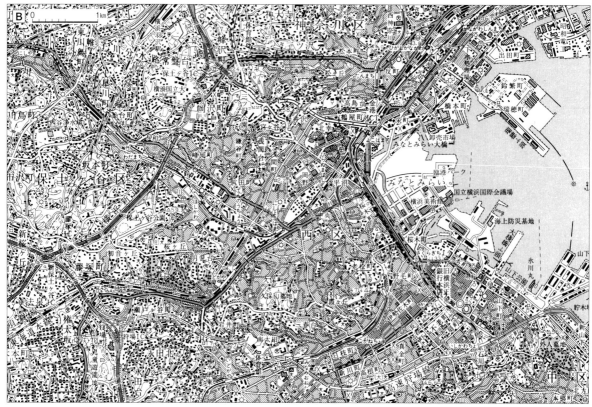

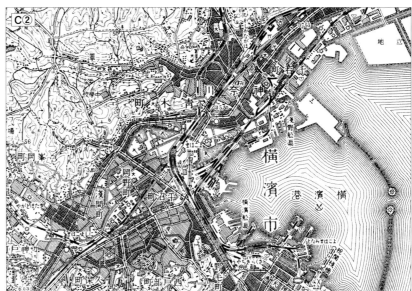

ここで取り上げる横浜は，海軍軍港であった横須賀と近いことから，現市域の南部一帯が要塞地帯に含まれていた。そのため，5万分1「横濱」の市販図中には一部に空白部分があった。

横浜には陸軍の主要機関が置かれることはなかったが，それでも，その地形図にはかなり大規模な改描の手が加えられた。改描図である図Aを見ると，横浜駅―桜木町駅間の鉄道線東側の臨海部に，建造物が低密度に描かれている土地がある。一見して不自然に思えるが，埋め立て後まだ年数を経過していない土地かもしれないとか，1923（大正12）年の関東大震災の被害からの復興途次なのだろうかといった解釈の可能性も否定できない。

20世紀末の状況を示す図Bではその辺りが「みなとみらい」として再開発の途上にあるように描かれていて，改描前の時代の姿をうかがい知ることは不可能である。

という次第で，確証を求めて改描前の図Cと比較することにしよう。本図は①内陸部と②臨海部に分割していて，両地区の間には約1.5kmの間隙がある。なお①地区では，図Cの採録範囲を図Aよりやや西方に拡大している。

上に記した問題提起との関係で②地区からまず検討する。そこには「横濱舩渠」の注記のある造船所（後に三菱重工の傘下に入る）が描かれているだけでなく，その北隣には多数の鉄道引込線をもつ倉庫な

ども見てとることができる。この地区の北東にはもうひとつの造船所として「浅野舩渠」もあった。図Aではこれらすべてが改描され，桜木町駅構内の貨物ヤードらしい表現も削除されている。

①地区で改描されたものとしてまず気付くのは「西谷浄水場」である。注記を消すだけでなく，地表の水面の表示も偽装している。近くにあった「横浜水道」の暗渠水路と注記も改描対象となった（図C①の図郭を西方に拡大したのは，この注記を示すためである）。この浄水場から約1km南には，火薬庫を意味する「火」という記号が2つ見えているが，「火」は「文」の記号と混同しそうで分かりにくい。この記号は図Aでは削除されたが，実際にこの地に存在したのは火薬庫だけではなく，1932（昭和7）年時点では浅野セメントの経営する火薬工場であった。

「横濱」図幅内で改描された諸施設は，戦後もかなり長い間ほぼそのままの形で存続していたが，浄水場以外は1980年代から90年代にかけて相次いで閉鎖，移転した。中でも，先にも少しふれた「みなとみらい」は三菱造船所跡地を中心とする地区の再開発事業によって生まれたところで，その一角にはドックを思い起こせるようなモニュメントが作られている。「みなとみらい」地区の再開発はその後も進み，今日では図Bで空地として表現されていた北半部にも多くの建造物が立ち並んでいる。一方，火薬工場跡地は「たちばなの丘公園」となった。

17. 新潟県新潟市——工場，貨物線，浄水施設 　　　　　5万分1「新潟」

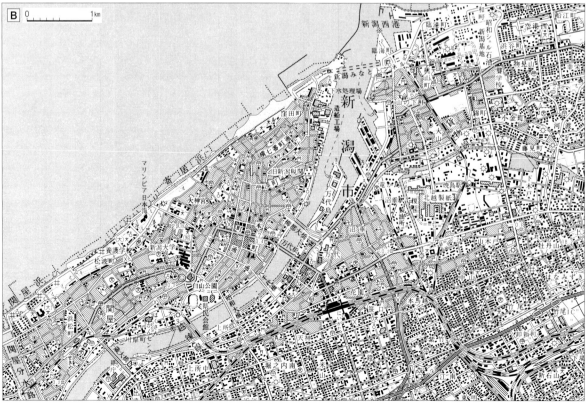

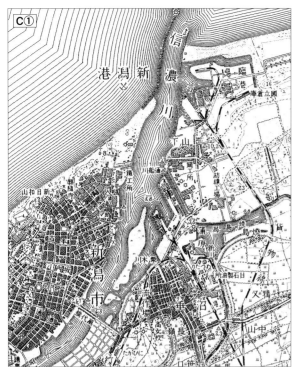

　新潟は，信濃川の河口に位置する港湾都市である。江戸時代から物資の積出港として栄え，近代には開港場となった。近代工業も起こり，日本海沿岸の最大，最重要都市としての地位を金沢と競ってきた。ただ，河口港としての制約は大きく，そのため浚渫を中心とする港湾整備事業が明治以来継続して行われてきた。

　図Aを見ると，人工が大きく加わっていることの明らかな港湾の状況が読み取れる一方で，「貨物線」の注記のある鉄道の沿線や終点付近に貨物輸送の必要の大きそうな施設が見当たらないなど，若干の不自然さも感じられる。現状を示す図Bを見ても，改描対象となった可能性のありそうな地物はいくつか指摘できるものの，それらが戦前期から存在していたのかを知る手がかりはなく，改描の実態を知るに

はどうしても改描前の図Cとの比較が必要となる。

　その作業の結果として判明する事実をあげると，以下のとおりである。まず，図Aの範囲に軍関係の改描は見られなかった。それだけでなく，「新潟」図幅全体でも軍関係施設は立地していなかった。新潟県内で陸軍の主要部隊が置かれたのは，一時は師団も置かれた県西南部の高田（現・上越市），連隊の置かれた県東北部の新発田および村松であった。もちろん皇室関係の改描も見られない。それでも，それら以外（改描開始時の秘密命令書の表現では「地方関係」）では，いくつかに区分された改描対象ジャンルのほとんどについて改描の実例が見られる。

　まず工場では，信濃川河口両岸にあった「鉄工所」の注記が消され，そのうちのひとつ（右岸所在）に近い位置にあったためか「紡績工場」の注記も消されている。また沼垂駅の東の「日石製油所」については，注記が消されただけでなく，石油（またはガス）タンクと判読できる円形の構造物も消去された。信濃川をさかのぼった左岸では，硫酸工場に付いていた「硫酸会社」の注記が消されている。なお図B中に見られる油井は図Cには見当たらず，それらが図Aに見えないのは改描の結果ではないと理解すべきであろう。

　鉄道関係では，港湾に直接つながる線路が数箇所で消去されている。ただ，貨物線を全面的に消しているわけではなく，「貨物線」と注記された線路が港湾からやや距離を置いた所で終点となっているのは，改描としては中途半端な印象を抱く。かえって不自然さを感じさせる結果を生んだのではないか。

　上水道関係施設（水道浄水池）の改描も，市街地西部で見られる。

　やや意外なのは，信濃川河口部にあった「国立倉庫」に付いていた注記が削除されていることである。改描制度導入時の基準では，軍関係以外の倉庫は改描対象から外れていたはずなので，この措置にはやや奇異の感を抱く。

　新潟の場合，改描対象が軍関係のものではなかったことも関係してか，戦後の土地利用変化は本書で取り上げた他の地域と比較して小さかったと言えそうである。

52

18. 富山県富山市と周辺——立山山麓の水力発電所

5万分1「五百石」

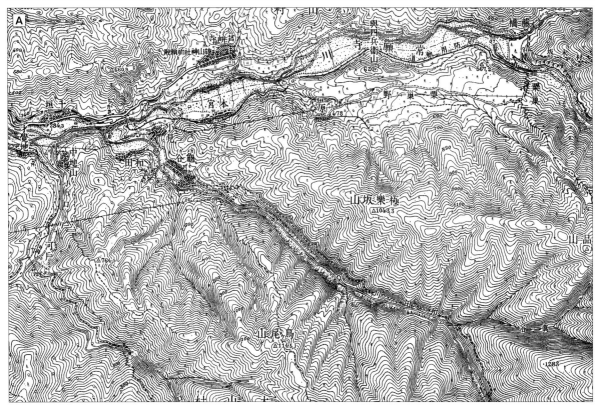

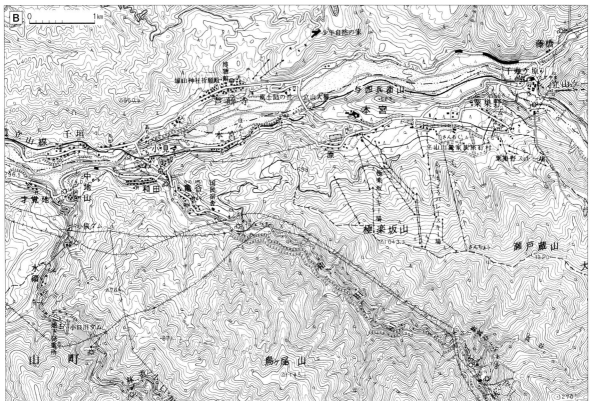

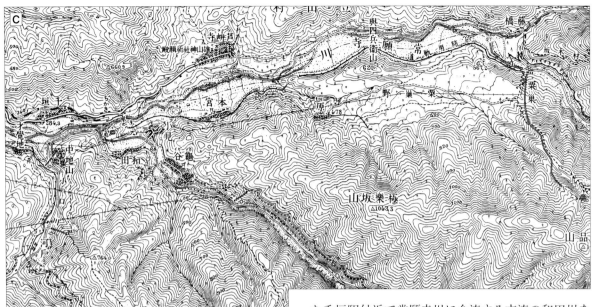

　富山市とはいうものの，都心からは電車で1時間余りの，常願寺川の上流部である。もちろん，ここに掲げた改描前後の図の時代には市内ではなかった。今日のこの地区を言い表すには，立山黒部アルペンルートに富山県側からアプローチする際，必ず通る所という方が分かりやすいかもしれない。

　このような山岳地帯の地形図で戦時改描の対象となったものとしては，水力発電所とそのための水路以外にはほとんど考えられない。ここもその例外ではなかった。ただし，改描図である図Aから改描された発電所の位置を推測することは困難で，ましてそこへの水路（ほとんどの区間は暗渠であった）の位置を知ることは不可能である。一方で，水力発電所は建設後長い年月を経た後になっても，設備の更新は行われた上で元の位置に存続する傾向が強く，そのため現況を示す図Bを見れば，図Aで消された発電所の位置はほぼ確実に推定できる。

　とはいえ，正確なところはやはり改描前の図で確かめる必要があろう。改描前の図Cには，常願寺川とその支流の沿岸にいくつもの発電所記号と，そこに上流部から水を引き込む送水管（地上のものと暗渠のもの両方がある）が描かれている。残念ながらどれにも名称の注記がないため，個別に説明するのに不便な点があるが，いくつかの資料によって一部だけ紹介すると，本図中，当時の鉄道の終点であっ

た千垣駅付近で常願寺川に合流する支流の和田川を合流点から約2kmさかのぼった所にある発電所は亀谷発電所で，これは県内資本の越中電力によって1923（大正12）年に作られた。当初の出力は5,250kWと小規模であったが，常願寺川流域の水力発電所としては最初のものである。一方，常願寺川の最上流部（東側）に描かれている発電所は「真川発電所」という名で，富山県の建設にかかる。1930（昭和5）年運転開始で出力3万kWと，図Cに見える発電所の中で最大規模のものであった。

　他の発電所の紹介は省くが，県営と民営の両方があったこと，出力1万kWを越える規模のものは真川発電所に限られていたこと，本地形図の修正年次である1930年から終戦までの間にもいくつかの発電所が作られたこと等を付け加えておこう。

　図Aでは，これらの発電所の記号やそこに続く導水管，暗渠水路がすべて消去されている。ただ，図Aだけを初めて見る人にとっては，それが改描図であることになかなか気づかないかもしれない。

　戦後の本地域の電源開発は，戦前から構想のあった支流へのダム建設によって新段階を迎えた。和田川上流の有峰ダム，それより規模は小さいが小口川上流の祐延ダムなどである。また，図中に見える特殊鉄道（「砂防用軌道」の注記がある）は千垣駅以西の鉄道と一体化し，今日では地域住民の生活や観光用に用いられている（富山地方鉄道立山線）。

19. 石川県金沢市——陸軍第9師団など

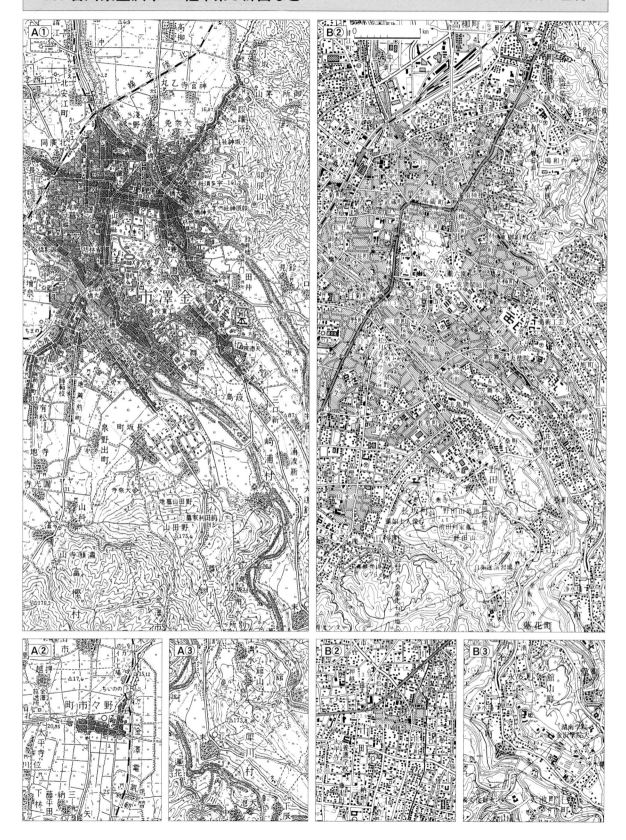

  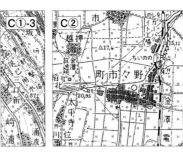 

　金沢は，前田家を藩主とする加賀百万石の城下町に由来する。明治以降の石川県の領域は江戸時代の藩領よりも縮小したとはいえ，それでも県内で県都金沢の占める存在感は圧倒的である。

　以上だけを予備知識として改描図（図A）を見てみよう。なお，ここでは改描に関連して言及したい箇所の分布状況の関係で，中心部（①地区）の他に西南の②地区，東南の③地区というように3地区に分けて提示する。①地区の中には，市街地の中心部に「陸海軍官衙」の記号が記されていて，ここが当地における軍の中枢であったことをうかがわせる。それ以外の①地区の表現には改描を探る手がかりになるものは見当たらず，③地区についても同様である。一方②地区には，改描図に記されているのが不思議に思えるものが2つ見られる。ひとつは「金澤放送所」の注記のある建物と無線電信電柱の記号であり，もうひとつは「カーバイト工場」の注記のある建物である。放送所は改描の対象だったはずで，それが改描を免れた理由は見当がつかない。カーバイト工場についても，野々市町（2006）に，大北工業経営の本工場が戦時期に陸海軍の火薬廠の協力工場となっていたことが記されており，改描の対象とならなかったことは不可解である。上記の放送所とも

ども単なるミスであった可能性も排除できない。

　改描の細部については，現代の図（図B）との比較よりも改描前の図（図C）との比較が早道であろう。なお図Cではスペース節約のため，図A中の①地区に相当する区域を①-1，①-2，①-3に細分して示す。まず①-1地区は旧城内で，師団司令部，旅団司令部，連隊区司令部，歩兵第7連隊が改描された。①-2は野村地区で，多くの実戦部隊が集中していた。関係施設すべてが改描されている。①-3地区では射撃場（「陸軍所轄」記号はないが，陸軍のものであった）が消去されただけでなく「辰巳用水」の注記も消されている。辰巳用水は藩政時代の歴史的用水路で，注記はあくまでも史跡，文化財としての意味合いから付けられたもののはずである。「羹に懲りて膾を吹く」の類であろうか。②地区は改描前の図でも当然放送所やカーバイト工場は記されている。③地区の改描は浄水場であった。

　5万分1「金澤」図幅には，図Aとは改描内容の異なる改描図も存在する。参考図として図Aと異なる箇所を示す（図D）。元の図の印刷の悪さもあってやや不鮮明ではあるが，図Aで複線として描かれていた北陸本線の金沢駅以北の部分が図Dでは単線とされているだけでなく，線路の両側に一部見られた盛土の表現も消されている。こうした特色は，この図が1942（昭和17）年以後に作られたものであることを強く示唆している。

　戦後，旧城内は金沢大学のキャンパスとして利用された。それが平成期に郊外移転した後は史跡として整備が進み，そこには旧軍時代の建物も点在している。また野村地区は自衛隊駐屯地として利用されている他，公務員住宅，金沢大附属校なども立地する。一方，改描を免れた野々市地区の放送所は，NHK中継所として存続している。

20. 福井県敦賀市と同鯖江市──20万分1帝国図の改描

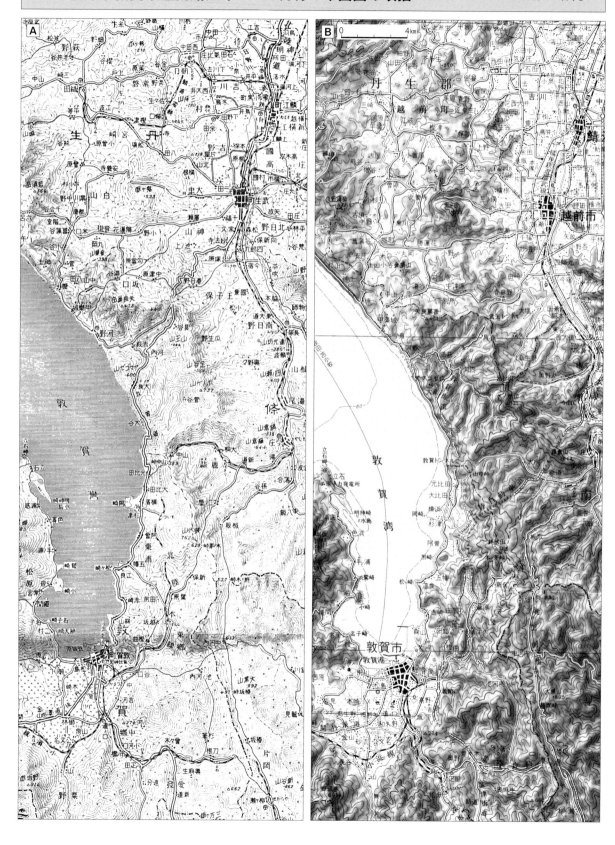

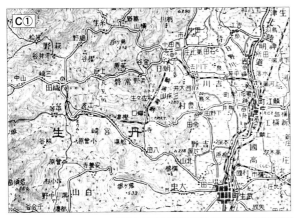

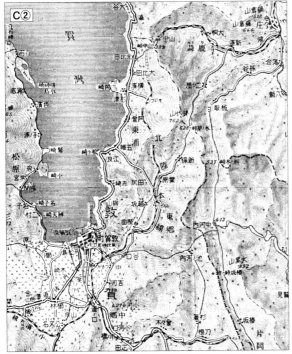

末年以後，全国で作られていった。4色刷で，また地形表現は等高線と「ボカシ」を併用するというユニークなものであった（今日の「地勢図」も同じ）。なお等高線間隔（陸地測量部での用語法では「曲線等距離」）は作成時期により，50mの図と100mの図が混在していた。改描が行われた時期に100mに統一する構想もあったらしいが，実施されなかった。帝国図で用いられた記号としては，師団や旅団の司令部の記号は地形図同様で，他に兵営を示す記号もあった。地形図と異なり，部隊の名称を注記することはなかった。工場（陸地測量部の用語法では「製造所」）の記号もあったが，地形図と比べてこの記号が用いられるケースは限定的であった。

これらを予備知識として改描図（図A）を見よう。とはいえ，当時の福井県下における陸軍部隊の立地状況について知識がなければ，当然この図から何も読みとることはできない。知識があったとしても，単に敦賀と鯖江といった程度の漠然としたものであれば，やはり図Aから陸軍部隊の所在地を知ることはできないであろう。

では，今日の20万分1地勢図（図B）から何か手がかりは得られるであろうか。答えは「否」である。というのは，敦賀には今日自衛隊の駐屯地はなく，鯖江の駐屯地（かつての歩兵連隊兵舎からやや北西に離れた地にある）の場合も，置かれている部隊のレベルの関係か，今日の地勢図に自衛隊の記号は記されていないからである。

改描前の図Cには，南部の敦賀近郊と北部の鯖江近郊の2か所に「陸海軍家屋」を意味する旗のような記号が描かれている。どちらも記号だけで名称の注記はないが，他の資料で補うと，前者は陸軍歩兵第19連隊，後者は陸軍歩兵第36連隊であった。

なお，この図には，歩兵連隊以外に改描されている地物はなさそうである。図Cと図Bの比較でもあまり大きな変化を見出すことはできないが，北陸トンネルの開通（1962年）に伴って，北陸本線のルートが大きく変わったことは特筆すべきである。2024年以後に発行が見込まれる20万分1「岐阜」の新版では，敦賀以北に北陸新幹線が描かれることであろう。

戦時改描が縮尺5万分1の図をはじめとする地形図について主に行われたことは言うまでもない。しかし改描は陸地測量部から発行された，より小縮尺，具体的には20万分1と50万分1の地図についても行われた。ここでは，当時「帝国図」の名で呼ばれていた20万分1図について，福井県下の改描事例を紹介する。

今日，旧版地形図の図版を掲載する書物は多いが，帝国図については目にする機会が少ない。そこで，「岐阜」図幅の検討に先立って，帝国図の概略について簡単にふれておこう。20万分1の図としては明治中期から「輯製図」と称するシリーズが作られていたが，「帝国図」はこれを更新する形で明治

21. 山梨県都留市と周辺──水力発電所と皇族別邸

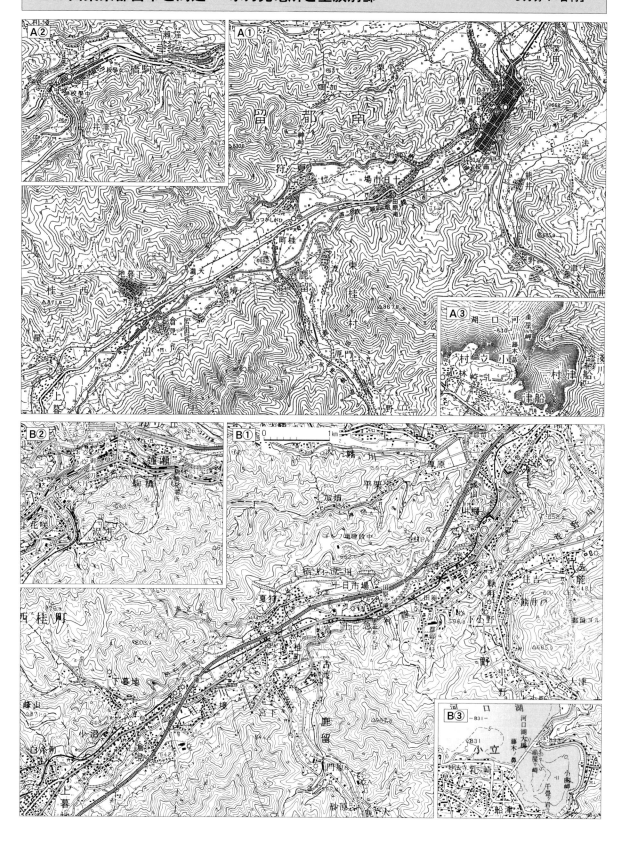

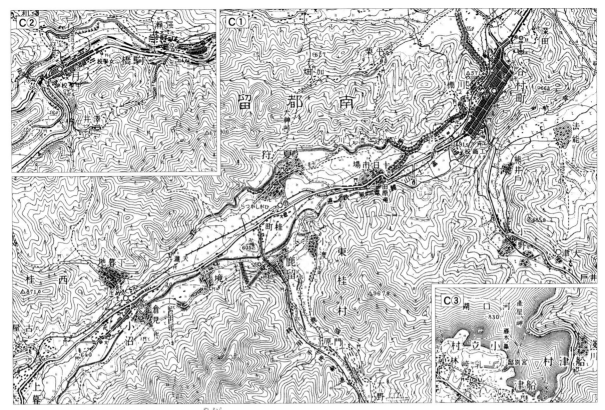

　山梨県の事例として，5万分1「谷村」図幅（現「都留」）から①現在の大月市，②都留市，③富士河口湖町の3地区を取り上げる。なお，②地区の本来の位置は①の北東，③地区は南西である。

　改描されている図Aから改描の痕跡を読み取ることは，まず不可能である。現状に近い図Bと見比べると，①②の両地区に水力発電所が描かれていて，改描されたのは発電所だろうと推測できるが，③地区についてはそれでも不明である。

　そこで改描前の図Cを見ると，図Bにあった①②両地区の水力発電所がここにも描かれていて，図Aでの改描内容が判明する。それだけでなく，これらの発電所に通じる水路管や暗渠水路も改描されていたことが分かる。文献によって補うと，これらの発電所の内，最も古いものは東京電灯によって設けられた①地区の駒橋発電所で，1908（明治41）年に送電を開始した。当初から京浜地方への送電を目的とし，約70kmという送電距離は，当時の技術としては最長クラスであった。②地区には2つの発電所が記される。南西の鹿留発電所と北東の谷村発電所（深田発電所）である。これらは桂川電力によって大正初～中期に建設され，やはり京浜へ送電された。

　東京への長距離送電を前提とした水力発電所という意味で，ここは福島県会津地方（日橋川沿岸）の事例（30頁）と共通性をもっている。ただ，会津では東京への送電とともに地元にも電力立地型の工場がいくつか作られたのに対して，ここでは，少なくとも戦時改描の対象となるほどの業種，規模の工場はできなかった。当時の本地方で盛んだった絹織物工業の存在が，かえって新たな業種の参入をさまたげたというような事情があったのか，それとも他の要因を考えるべきなのか，興味深い点である。

　これらの発電所は，今日の水準からみればごく小規模なものにすぎないが，それにもかかわらず，どれも東京電力系列の水力発電所として現役のものであるという事実は注目に値する。

　図Aや図Bから推測できなかった③地区の改描事項は河口湖畔の宮別邸である。所有者は図Cにも記されていないが，ここは梨本宮家の別邸であった。今日その跡地に建つホテルのリーフレットに「宮様の別荘跡」とあるのは，今もその事実に価値を見出す人が多いことを示しているのであろうか。

60

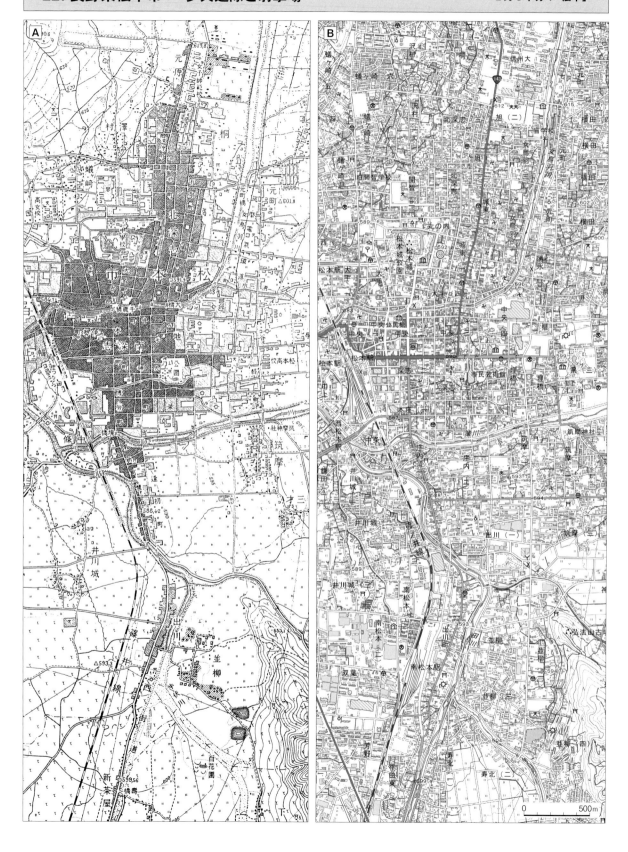

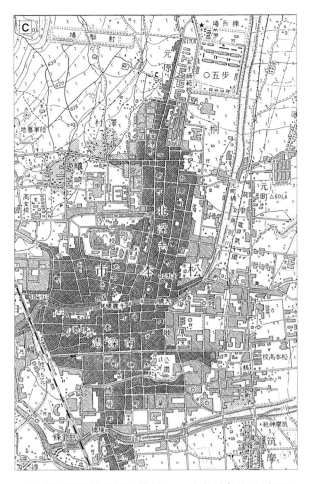

松本は長野県中部に位置し，県庁所在地の長野に次ぐ規模の都市である。明治以降，県内での長野の位置が北に偏るとして県庁を松本に移転させようとの運動が何度か起きたが，実現しないまま今日に至っている。

　改描が行われた時期の松本についての予備知識を以上に限定した場合，改描された図Aからはどのようなことが読み取れるであろうか。この図を丹念に見ていくと，最上部（北辺）に「陸海軍官衙」の記号が見える。松本の位置から海軍の可能性はなく，陸軍の何らかの機関が置かれていたことが推定できる。その推定は，「陸海軍官衙」記号から少し西に，東以外の三方を土塁で囲まれた細長い区画が存在することからも裏付けられそうである。地図上でこのような形になる構造物は射撃場の他には思い浮かばない。一方で，現況を示す図Bのその地区に自衛隊の施設などはなく，上記の推測を証明するとまでは言えない。ただ，軍の機関の存在を推定した付近に

今日信州大学医学部や附属病院があることや，射撃場と判読した中に「官公署」の記号があることは，少なくとも上記の推定結果と矛盾しないとは言えるであろう。

　改描前の図Cによって，上記の推測は確かな事実として確認できる。そこで初めて判明する事実は，ここに置かれていたのが陸軍歩兵第50連隊であったことである。他の資料で補うと，この連隊が松本に置かれたのは1908（明治41）年であった。

　改描後の図Aで，旧軍関係の施設がすべて改描されたことは言うまでもない。ここで注意したいのは，兵舎のあった区画に桑畑の記号が描かれたことである。もちろん虚偽の表現で，周辺地域の土地利用の実態を考慮したためであろう。改描図では一般に軍用地は荒地として描かれることが多く，類例の少ない改描法である。

　この図幅では陸軍施設以外の改描は認められない。改描されてもよさそうな地物として，発電所（変電所），小さいガス（または石油）タンク，鉄道の機関庫らしい扇型の建物などがあるが，どれも改描されなかった。また市街地の南部に相当数見られた工場も，記号，レイアウトなどすべて改描前の図と同内容である（工場名称の注記は元々皆無）。

　連隊跡地には，戦後ほどなく，戦時中に十分な土地建物の準備のないままに国策により設置された松本医学専門学校が入った。同校は後に信州大学医学部となり，信州大学本部も隣接地に置かれた。また市街地東南部にあった旧制松本高等学校に起源をもつ信州大学文理学部（後に人文学部等に分離）も後にこのキャンパスに移転した。

　最後に，本図の改描とは直接関係しないが，太平洋戦争末期の1945（昭和20）年4月に陸地測量部が松本の西約10kmの波田村（現・松本市内）など数か所に分散疎開し，終戦後そこで最後の日を迎えた（9月1日に「内務省地理調査所」に転換）という事実を指摘したい。改描図のほとんどは疎開以前に東京の陸地測量部（一部は外注先）で作られていたと思われるが，本書中で参考図として利用した中に含まれる，1945年修正の図などは，あるいは松本近郊で作られた可能性がある。

23. 岐阜県各務原市——飛行連隊と飛行場

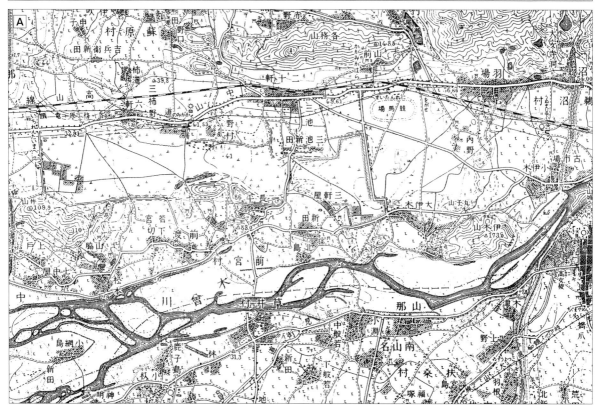

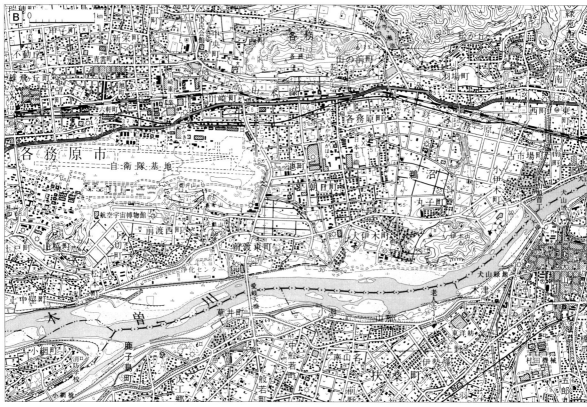

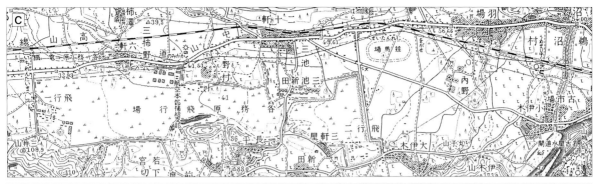

岐阜県南部，岐阜市の東郊ともいうべき地域で，旧版図の時期にはいくつかの町村から構成されていた。昭和の大合併の時期以後もこの状況が続いたが，結局1963（昭和38）年に各務原市が成立した。

西流する木曾川の北を2本の鉄道が走っている。ただし厳密には法規上の鉄道は高山線だけで，各務原電鐵（現・名鉄各務原線）は「軌道」であった。そのことは，各務原電鐵の線路が「鐵道」とは区別される「特殊鐵道」の記号で描かれていることから推測できる。

図Aから改描の内容を読み取ることができるだろうか。本書の諸項目の中では珍しく，ここでの答えは「できる」である。その手がかりは2つある。ひとつは各務原電鐵の駅名として西に「いちれんたいまへ」，東に「にれんたいまへ」が記されていることであり，もうひとつは，鉄道と木曾川の間に，長さ約4km，幅約1kmの東西に延びた「官有地」が，所々切れてはいるものの，太い破線の境界線の記号で描かれていることである。これらから，ここに陸軍の同一兵科の連隊が2つ置かれていたことは明らかである。現況を示す図Bを見れば，上に記した推測はさらに確かさを増す。

改描前の図Cで，ここでの改描対象の中核が2つ

の飛行連隊であったことが確かめられるが，それらの歴史的背景について読図から知ることは不可能である。各務原市（1987）によると，ここに陸軍の飛行部隊が置かれたのは1918（大正7）年と1920年で，2つの航空大隊が相次いで設けられた（1925年に「飛行連隊」）。それに先立って1921年には関連産業としての川崎造船所各務原飛行機製作所（1937年からは川崎航空機工業）が設置された。図Cで各務原電鉄「かがみの」駅の北東部に工場記号が記されているのがそれである。

図Aで連隊名を含む駅名が改描されなかったことはすでに記した。これらの駅名は1938年12月にそれぞれ「各務原運動場前」「名電各務原」と改称されたことが知られており，改描作業がそれ以前に行なわれていたことをうかがわせる。

戦時中に航空機工場が巨大化していた様子は，1945年部分修正の参考図（図D）から知られる。各務原市歴史民俗資料館（2016）によれば，この工場は終戦直前の空襲で大きな被害を受けたが，飛行場の被害はそれほどではなかった。戦後は米軍に占領され，1950～53年の朝鮮戦争時には使用頻度が高かった。1958年の米軍撤退後は航空自衛隊岐阜基地となっている。

24. 静岡県三島市——陸軍部隊と鉄道

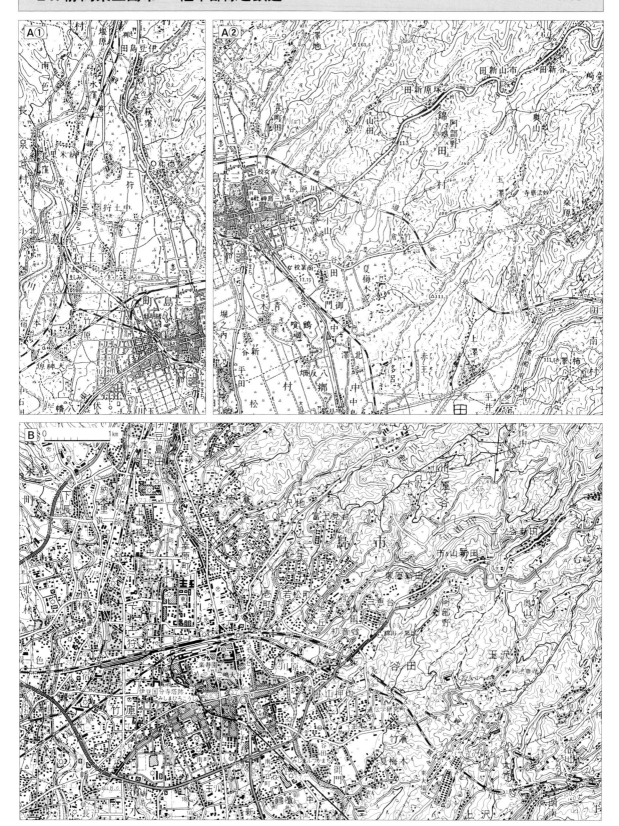

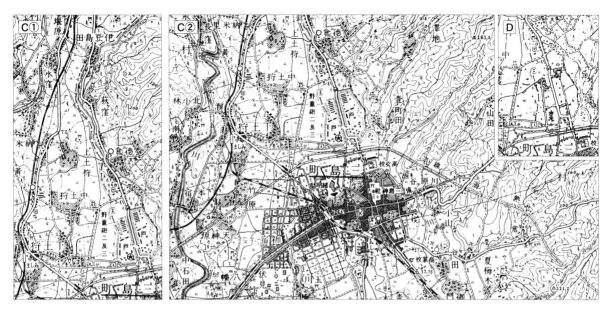

静岡県の東部，旧国名で言うと西が駿河，東が伊豆である。図Aと図Cには，かなりわかりにくいけれども「国界」の記号が描かれている。なお，図A，図Cとも①②の2地区に分割して示す。①が北西，②が南東という位置関係である（一部重複）。

ここは古くから東西交通の要地で，三島は近世東海道の宿駅であった。明治になって建設された東海道本線もこの地を通ったが，当初のルートは今日と異なり，箱根の山を大きく北に迂回するもの（現・御殿場線）であった。図A，図Cにも記されているように，その線にも三島駅はあったが，三島の中心市街地からはかなり離れていた。

当時の東海道本線（現・御殿場線区間）にあった急勾配を避けるために新たに設けられた現・東海道本線は，途中丹那トンネルの難工事があって完成が遅れたが，1934（昭和9）年12月に開通し，旧線は御殿場線，旧三島駅は下土狩駅と，それぞれ改名された。

以上鉄道関係の事実について記したが，図Aにおける主要改描事項は他にある。その図をよく見ると，三島の中心市街地から鉄道線を越えた北側に「陸海軍官衙」の記号が記されていて，ここに置かれていた軍の機関が改描されたのだろうと推定できる。

この点に関する手がかりを，現状図（図B）から得ることは難しそうである。そこで改描前の図Cを参照すると，ここにあった軍の機関は陸軍の旅団司令部で，その下に野戦重砲兵第2連隊と同第3連隊が置かれていたことが判明する。それらの西側（「野重砲二及三」と注記のある部分）は練兵場であった。

戦後，連隊跡地をいち早く利用することができたのは日本大学である。東京の予科校舎が戦災を被ったことへの対応策のひとつであった。現在では日大国際関係学部の他，短大や高校の用地としても利用されている。また三島市立の小学校，中学校をはじめ，多くの公的機関が連隊跡地に設けられた。練兵場跡地の転用はやや遅れたが，1950年代末に東洋レーヨンに払い下げられ，工場用地として今日に至っている（図B）。

図Aは，改描図一般の例に漏れず発行年月日の表示は図Cと同じ「昭和八年五月三十日」とされている（参考図の図Dも同じ）。ところが新東海道線の箇所については，図C，Dでは工事中の記号であったのに，図Aでは開通済の表現となっていて，線名，駅名も更新されている。改描図発行時の実態はたしかにそのとおりなのだが，表示された発行年とは矛盾していて，読図に当たっては注意が必要である。本図幅の場合，図Dが当初の改描図で，図Aは後になってから作られたものと考えられる。図Aで，当然複線であった（新）東海道本線が単線として表現されていることも，この図がかなり後になってからの改描図であることを示唆している。

25. 愛知県半田市——軽微な改描の陰で

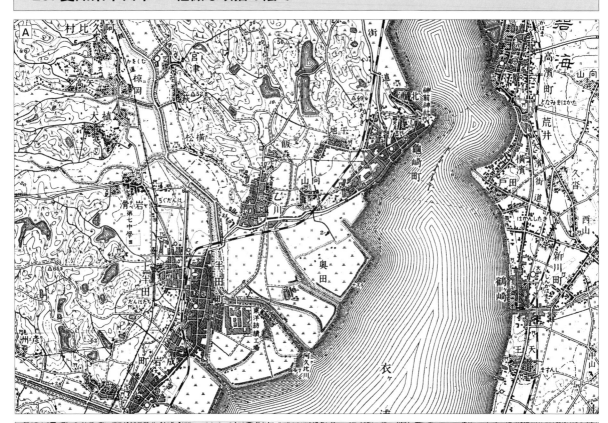

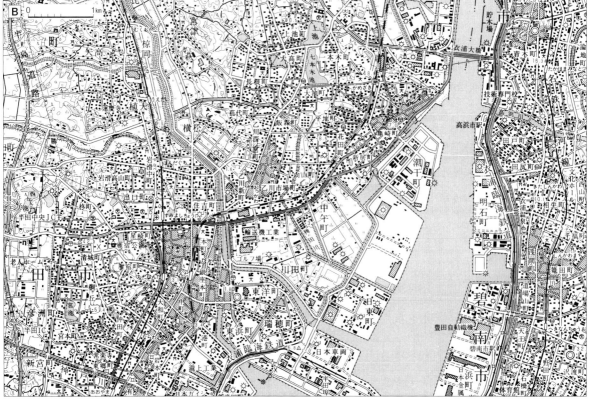

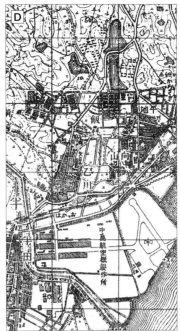
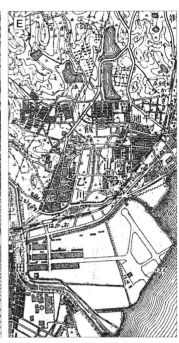

半田は愛知県南部，知多半島の東側付け根に位置し，古くから醸造業など工業の盛んな所であった。改描図である図Aにも「東洋紡績工場」と注記された大規模工場が描かれている。ということは，改描されたものは他にあるに違いない。図Aを丹念に見ると，鉄道（武豊線）が阿久比川を渡る箇所に橋が描かれていないことに気付く。すぐ南側の道路には橋が描かれていることと併せ考えると，これは不自然で，じつはこれも改描の結果なのである。

現況を示す図Bからは，これ以上の追究は難しそうである。そこで改描前の図Cを見ると，図Aに描かれていなかった橋が正しく描かれていることに加えて，武豊線の線路沿いに築堤の記号（盛土地の斜面を示すケバ）が何箇所か描かれていて，それも改描時に消去されたことが分かる。

本書の他の項目でもしばしば紹介しているように，鉄道関係の改描の事例は多い。操車場や貨物線に関係する改描は改描開始時から行われたが，線路沿いの人工地形の表現を削除する等の改描は，かなり後になってから始まったようである。そのため，同一図幅で定価欄に「改描不要」の［　］が付いた図と「改描済」の（　）が付いた図がともに存在するケースが生じる。筆者は，5万分1「半田」図幅については「改描不要」図を見出してはいないが，それ

が作られた可能性は高いものと考えている。

太平洋戦争期になって，これらの図に含まれる範囲内に大規模な軍需工場が建設された。中島飛行機半田製作所である。1942（昭和17）年夏に地鎮祭というのであるから，建物の工事は年内に始まったかどうか。軍からの命令は何としても1943年中に1号機の納品を，というものであったという。

参考図（図D）は中島飛行機半田製作所と付随する飛行場が注記とともに表示された非公刊の図（集成5万分1地形図「名古屋2号」）である。「軍事秘密（戦地ニ限リ極秘）」との表示がある。ここには大規模な工場と，その北側一帯に図A，Cにはない多くの家屋が描かれている。飛行場に添えられた記号は昭和17年図式で飛行場を意味するが，この図式はほとんど用いられることがなかったため，珍しいものである。なお，戦後地理調査所から発行された図（図E）にも，図Dに描かれている建造物や飛行場のレイアウトは表示されているが，工場名の注記や飛行場の記号は省かれているので，集成5万分1地形図の資料価値は高い（ただし，図中の社名は誤りで，「中島飛行機」が正しい）。この工場は敗戦直前に空襲で破壊されたが，戦後は名称や生産品目の変更等を経つつ，「輸送機工業」の名で現存している（図B）。飛行場は農地に戻った。

26. 三重県四日市市——改描制度開始期の複雑な経過

5万分1「四日市」

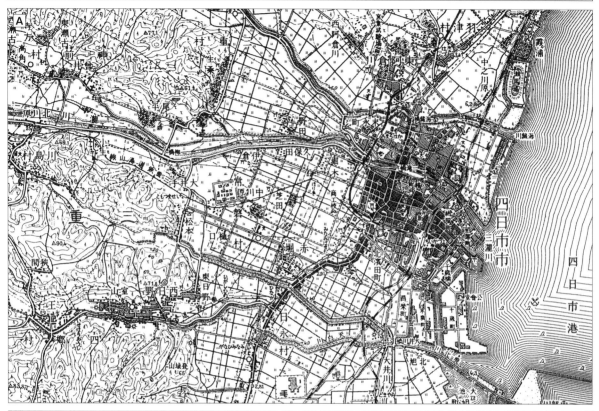

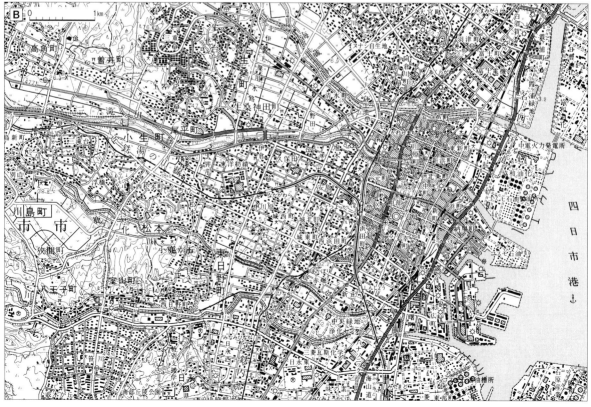

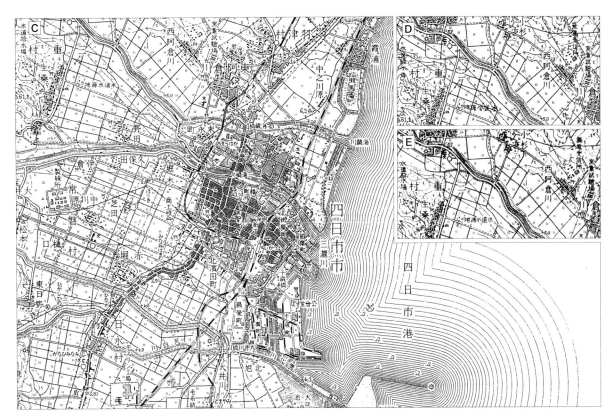

　四日市は三重県北部の工業都市である。ただし，石油化学コンビナート所在都市としての歴史は，本地形図の発行後ほどなく，ここに掲げた地区の南数kmの地に海軍燃料廠が建設されたことを契機とするものであり，本図から読み取ることはできない。

　図Aは定価欄に「改描済」を意味する（ ）のある図から抜き出しているが，この図から改描箇所を特定することは困難と思われる。一方，現状を示す図Bでは図Aからの変化があまりにも大きく，改描の手がかりを得ることは，やはり難しい。

　そこで，改描前の可能性が高いと考えられる図Cを参照すると，図Cにあって図Aにないものがいくつか見出せる。順不同に紹介すると，埋立地と読み取れる地区に引かれた鉄道線，上水道関係の2つの施設，いくつかの工場に付けられていた業種を示す注記，などである。

　これらの内で，上水道関係施設（水道水源地と水道給水場）の注記の削除には若干複雑な経過があった。それをうかがわせる資料として，図Cのためのものと推測される，1937年9月18日の日付印の入った校正刷がある（国会図書館蔵：図D）。興味深い

のは，当初校正者に届けられた校正刷には2つの上水道関係施設に関する注記がなく，そこにそれらを書き込むことを求める手書きが記されていることである。つまり，校正刷作成時には上水道関係施設は秘匿すべきとの判断があったと解される一方で，校正者は上水道関係施設の注記は必要（あるいは「あっても差し支えない」）と判断し，結果的に図Cに表示されることになったのである。しかし，だからと言って図Cが完全に改描されることなく発行されたとも断言できない。それは，上水道関係施設と同じく校正刷（参考図：図D）に手書きで書き加えが指示された無電受信所が，図Cに見えないからである。それがやはり改描の結果らしいというのは，これも参考図として掲げる図E（戦後図）には無電受信所が記されていることからうかがえる。

　こうした複雑な経緯はあったが，2年後の1939年晩秋には本格的な改描が行われることとなった。1939年11月13日の校正刷（図A，国会図書館蔵）からそのことが判明する。そして，この図Aと同内容の刊行図が作られたことは，大阪市立中央図書館所蔵図から裏づけられる。

27. 滋賀県大津市——2つのレーヨン工場

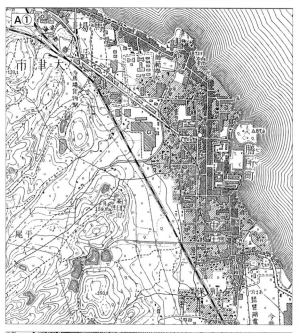

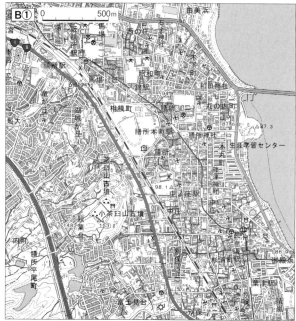

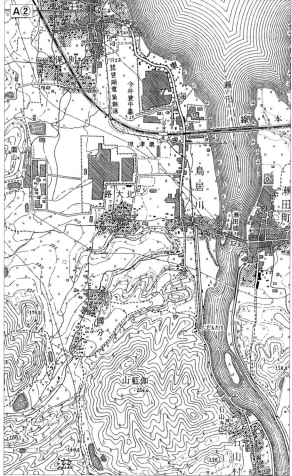

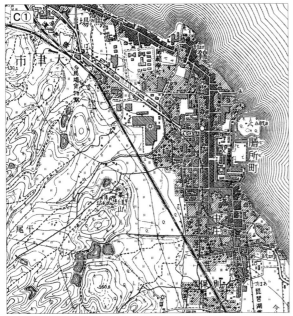

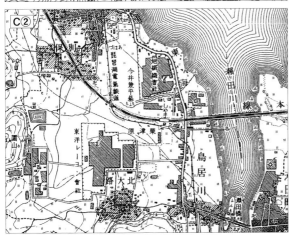

　琵琶湖から瀬田川が流れ出す大津市の膳所，石山，瀬田地区である。①地区と②地区は，①が北西，②が南東という位置関係にあり，図では一部を重複させている。ここで取り上げる地区は，今日ではすべて大津市の一部となっているが，図Ｃの（そして図Ａの表向きの）発行時には大津市域は①地区の北西部だけで，残りは膳所町，石山村，瀬田町の各一部であった。

　改描図（図Ａ②）をよく見ると，やや不自然さを感じさせるものとして，煙突の記号が添えられる巨大な建造物が2つあるのに気付く。このように面積の大きい建造物としては工場くらいしか思い浮かばないが，2か所とも工場（当時の地図記号上の用語では「製造所」）の記号は付いていない。

　手がかりを求めて現状図（図Ｂ②）を見ると，2か所中の片方には「東レ滋賀事業場」と記されていて，おそらくこれが改描されたのであろうとの見当が付く。もう一方（石山駅の北）についてはかなり大きな建造物が密集しているように表現されているが，用途についての注記はない。

　改描前の図Ｃ②から，その間の事情が判明する。改描されたのは東洋レーヨンと旭絹織という2つの会社の建造物であった。工場との明示はないが，どちらにも煙突が描かれ，工場以外の事業所の可能性は皆無に等しい。本地区は工業用水を琵琶湖から容易に得ることができたことから，用水立地型の工場が早くから作られていた。東洋レーヨンはその代表的事例である。工場の設置時期等を地形図から読み取ることはできないので，社史等の資料によると1927（昭和2）年の操業開始である。本図の発行時（1929年）には最新の工場だったわけである。もう一方の旭絹織は，名称からは絹織物工場のように見えるが実際はそうではなく，東洋レーヨンと同じく人絹工場であった。この工場の創業は東洋レーヨンに数年先行するが，太平洋戦争中に操業を停止し，土地建物は軍需品工場に転用された。戦後は電気・電子関係の工場として利用されたが，今日ではそれも閉鎖・解体され，新たな土地利用への転換途上にある。

　本項目での改描事項は，これら2工場の名称の注記が消去されたことだけのようで，2工場とも②地区内のものである。それでは①を掲出したのはなぜか。その理由は，図Ａの①地区の中に改描されても不思議ではない貨物駅と貨物線が描かれているという事実を示したかったことである。本書中には貨物線や貨物駅が改描前の図に描かれているケースがいくつかあるが，それらは改描図において改描されたケースとそうでないケースがどちらも存在している。なぜそうした不統一が生じるのか，仮説として想定されるのは，1)実質的な軍事的重要性の軽重，2)改描が行われた時期の違い，3)改描の実施に当たっての現場での裁量権の結果，といったことであるが，現段階の筆者にはいずれであるか断言することはできず，今後の課題とせざるを得ない。

28. 京都府福知山市──歩兵連隊その他

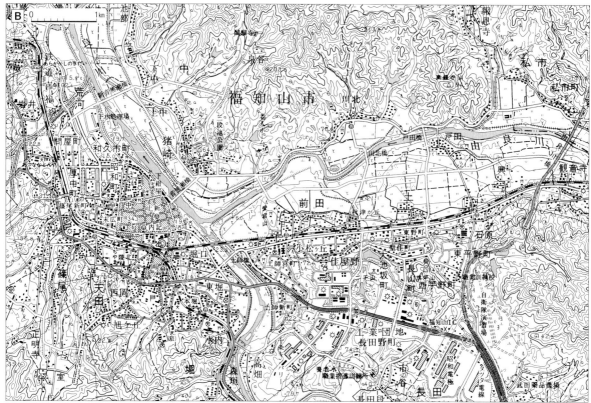

　福知山は由良川に臨む京都府北部の小都市である。明智光秀ゆかりの城下町で，江戸時代後期には朽木氏を藩主とする福知山藩3万2千石の中心都市であった。

　改描図（図A）を見ると，中心市街地に「陸海軍官衙」や憲兵隊の記号があり，内陸部であることから，何かの陸軍施設があったのではと推測できる。また東の郊外には「旧工兵作業場」の注記もあり，手がかりとなる。現状図（図B）にも自衛隊駐屯地が記されているが，それは「陸海軍官衙」記号の場所とは少し離れている。図Bからの推測はこの程度が限度で，改描の実態を知るためにはやはり改描前の図Cを用いることが不可欠である。

　まず「歩二〇」と注記されたのは「歩兵第20連隊」で，兵舎の東に練兵場が展開していた。また図Aで「陸海軍官衙」の記号が記されたのは「旅団司令部」であった。なお，読図からは断言できないものの，ここには以前工兵大隊も置かれていた。工兵大隊は図C作成時点にすでに福知山を離れていたが，その旧位置は練兵場の東隣であった。図Aでのその表現は図Cとは異なっていて，これも改描の結

果と見るべきであろう。図東部の長田野（おさだの）地区は，図Aでは「旧工兵作業場」の注記が記されるにとどまるが，実際には陸軍の演習場として存続していた。図Cにはいくつかの関係施設が陸軍所轄を示す記号として（射撃場は注記も添えて）示されている。

　山陰本線，福知山線（福知山駅から東南方向に延びる），北丹鉄道の諸鉄道の線路の両側の表現について図Aと図Cを見比べると，図Aでは線路の両側の盛土地や切土地の表現が1か所も見えていない。図Cでは沿線のかなりの区間で盛土等によってできた斜面を示すケバが描かれていることから，これも改描の結果であることが判明する。ところが，この改描の過程で誤りが生じたらしい。それは福知山市街地北部の由良川左岸で，北丹鉄道の線路沿いの盛土と誤解したのか，由良川の氾濫を防止するための堤防の一部まで消去している点である。

　かつて陸軍演習場であった長田野地区には，高度成長期に工業団地ができた。一方，歩兵連隊のあった地区は，大方，陸上自衛隊の駐屯地となっている。北丹鉄道は廃止され，後にそれとは別に北近畿タンゴ鉄道（現・京都丹後鉄道）宮福線が開業した。

29. 大阪府枚方市——陸軍弾薬庫

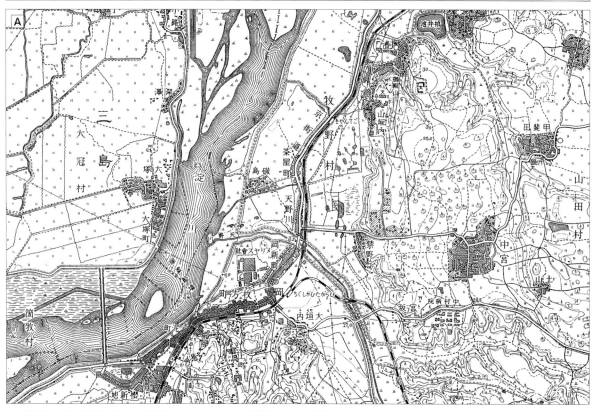

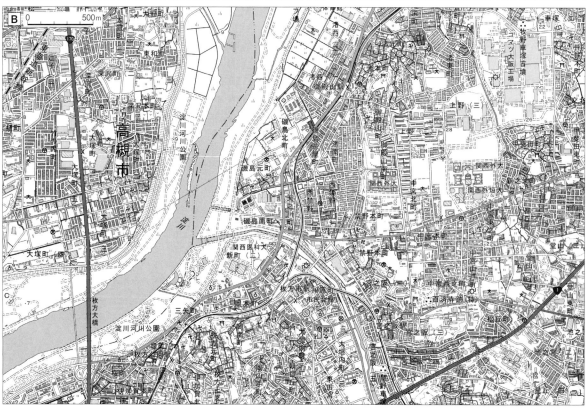

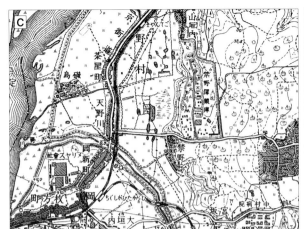

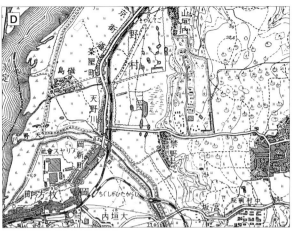

枚方は大阪市東北郊の衛星都市である。この地を通る京阪電鉄が経営する「枚方パーク」の存在によって，関西ではよく知られた地名であるが，全国的には難読地名のようで，東北出身のさる有力政治家が「まいかた」と誤読したとの報道もあった。

さて，この図で改描されたのは陸軍の火薬庫（弾薬庫）である。古く1896（明治29）年に設置され，翌年に貯蔵を開始したもので，所在地の名称をとって禁野火薬庫として知られた。ここでは2万5千分1「枚方」（1929年修正，1932年発行）について3種（現状図を含めると4種）の図を比較検討する。

改描図である図Aから火薬庫の位置を知ることはほぼ不可能に思える。その意味では上手な改描と評価できるのかもしれない。現状図である図Bには「禁野本町」とか「西禁野」といった地名が見えているので，火薬庫はその辺りにあったのだろうという程度の推測は可能である。

改描前の図Cによって，この火薬庫（ここでは「禁野弾薬庫」と記されている）の位置とレイアウトの概略を知ることができる。ここで注意したいのは，火薬庫の東および東南の田畑の中に，針葉樹の植わった小山のようなものが多数描かれていることである（図A，図C，図Dに共通）。これらは分散的に配置された火薬貯蔵施設ではないのかと想像を巡らせたくなるが，どうやらそうではないらしく，時代不明の墳墓の可能性が高いとされている。

参考図として掲げた図Dでは「禁野弾薬庫」という注記が削除されるとともに，火薬庫を示す「**火**」の記号や陸軍所轄を示す記号も削除されている。そ

れらの事実から，図Dも改描図であることは疑いない。しかし，軍事施設の改描を含む多数の図を見た経験からすると，図Dでの改描は中途半端なものと考えざるを得ない。じつは，図Dのように軍関係施設の注記は削除しながらも建物の配置等はそのままの表現とした図は，他でも10面余の事例があり，筆者は以前，この種の図を「初期改描図」と称することを提唱した（山田2018，山田2021）。図Dは「初期改描図」の1事例と位置づけることができそうである。

以上をまとめると，1932（昭和7）年発行の図Cに続いておそらく改描制度開始直後（1937〜1938年）に図Dが作られ，さらにおそらく1939年に図Aが作られるという経過をたどったのであろう。

禁野弾薬庫では，改描開始直前の時期にそれまでの敷地の東側に大規模な拡張事業が行われた。さらにその東側には弾薬の製造工場も建設され，そこには片町線津田駅から貨物専用の鉄道も設けられた（図Bにその痕跡が見える）。こうしたことのため，上に記した針葉樹の植わった小山の多くは姿を消してしまった。また改描実施期間中の1939年3月に，この火薬庫は大爆発事故を起こした。死者約100名という大惨事であった。

戦後は，古くからの火薬庫用地は住宅地としての利用が中心で，一部には大学（関西外国語大および同短大）も立地する。図C作成時以後に作られた弾薬工場の一部は戦後，民間に払い下げられ，その後身は一部現存する。図Bの東北端に一部見える「コマツ」（旧小松製作所）大阪工場がそれである。

30. 大阪府大阪市と周辺——工場，貨物駅その他　　5万分1「大阪西北部」他

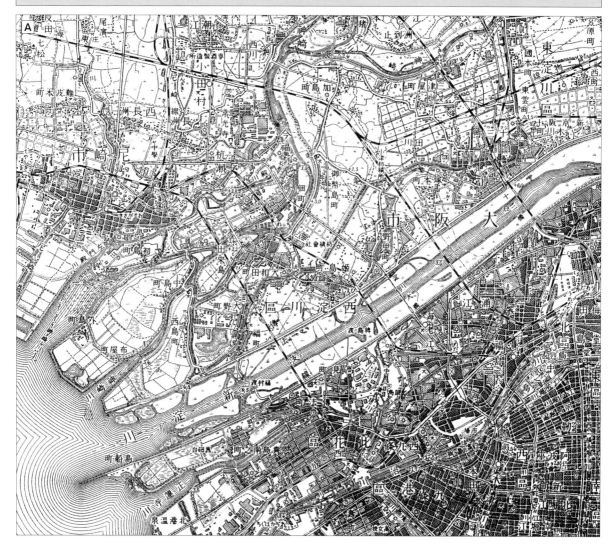

　大阪の中心市街地西部から，隣接の兵庫県尼崎市の中心部までを含む地域である。北東から南西にかけて「新淀川」と注記された河川が流れているが，これは大阪中心部への淀川の氾濫を防止するため，明治後期に新たに設けられた水路である。今日では「新」の修飾語を付けて呼ばれることはなくなっている。

　なお本項目では，改描の対象とされた地物が広い範囲に展開していること，参考図として米軍作成図を提示したいことなどの理由から，他の項目の2倍の4頁を用いることとする。

　改描図の図Aをよく見ると，東海道本線をはじめとする鉄道がすべて単線として表現されていること

に気付く。「貨物線」との注記のある線や「支線」とされる線はいざ知らず，東海道本線や(現)阪急の梅田—十三間などが単線であったなどとはとうてい考えることができない。また，この図では新淀川に道路橋がまったくないことになっている。「十三橋」という注記はあるが，橋は描かれていない。橋が描かれていないという点では鉄道橋も同様で，あたかも河原と水面に線路が引かれていたような表現である。これが改描の結果であることは言うまでもない。

　この点以外の改描箇所については，現状図(図B)を見ても手がかりは得られず，改描前の図Cとの比較を待たなければならない。そこで，図Cから知られる上記以外の主な改描箇所を列挙すると，以下の

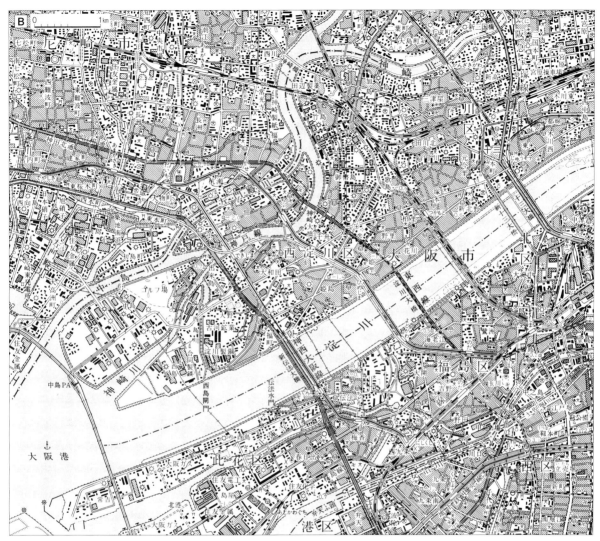

ようである。最も事例の数が多いのは工場に付いていた名称の注記が削除されていることで，全体で約10か所見られる。もっとも工場への注記がすべて削除されたわけではなく，基準はよく分からない。次に，工場ではない企業名である「阪神電鉄会社」の注記が消されていることを指摘したい。こうした事例を筆者は他で見たことがない。そうしたレアケースをさらに紹介すると，名称の注記だけが改描図で残っていた「十三橋」が阪急の鉄橋とは別の道路橋であったことが確認できる。同様に「淀川大橋」も阪神国道線と道路の併用橋であった。道路橋の消去というのは改描に関する要領を記した資料にも見えず，どうしてこのようなことが行われたのか理解に苦しむ。こうした点に比べれば，工業試験所の注記が消されたことはマニュアルどおりの措置

であった。なお鉄道については，上記した点に加えて，図Cで東海道本線の沿線などに顕著に見られる線路沿いの盛土地の斜面を表すケバが図Aではすべて消されている他，図の北東部の貨物線と阪急宝塚線，同神戸線が交差する箇所で立体交差の表現を平面交差のように描いていることなど，図Aでの鉄道関係の改描は念入りである。梅田貨物駅も改描されたことは言うまでもない。これらの事実から，図Aは改描図の中でも作成年代がかなり後のものであろうとの推測が可能となる。筆者は，図Aより早い時期に作られたと判断される改描図も大阪市立中央図書館で閲覧しているが，印刷がかなり不鮮明な上に書き込みも多いことから，ここでの掲載は省く。その図では図Aに見られた道路橋の消去や鉄道関係の改描の多く（梅田貨物駅の改描以外のすべ

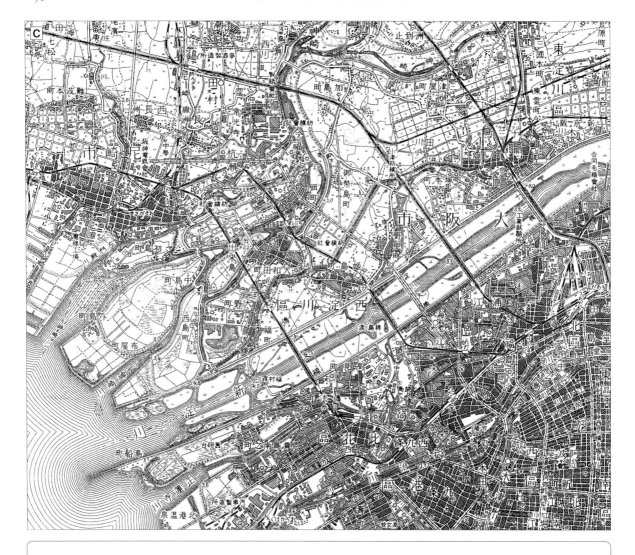

コラム　太平洋戦争初期の米軍製日本爆撃用図

　79頁に掲載したようなAMS製の日本図に先立って，これまで国内ではあまり紹介されることがなかったが，AAF（米陸軍航空軍；米空軍の前身）からAAF Target Chart Japan と称する一連の図群が1942年夏に発行された。作成自体はAAFが直接行ったのではなく，AMSに委嘱したらしい。

　このシリーズはオーストラリア国立図書館やアメリカのスタンフォード大学図書館などに所蔵され（日本国内未確認），特にスタンフォード大所蔵図は画像がウェブ上で公開されている点が貴重である。

　この図群の作成区域はいわゆる四大工業地帯が多いのは当然として，それ以外に室蘭，釜石などの図も作られ，作成点数は40面を下回ることはなさそうである。それぞれのサイズはA1横長より少し小さい程度という大判で，カラー印刷，ベースマップとしては日本製の5万分1図を7万5千分の1に縮小したものを用いているらしい。図中には爆撃目標地物がレファレンス番号付きで記され，重要と目された地物を中心として，半径2マイル，4マイル……の同心円が描かれている。そして図郭の外側には図中にドットと番号で記された爆撃目標の名称が（当然英語で）列挙されている。

　スペースの制約もあり，ここでは図の掲出は省くが，Fedman & Karacas（2012）に阪神地区の図（1942年7月）のかなり鮮明な画像が掲載されていて，本シリーズの図のあらましを知ることができる。

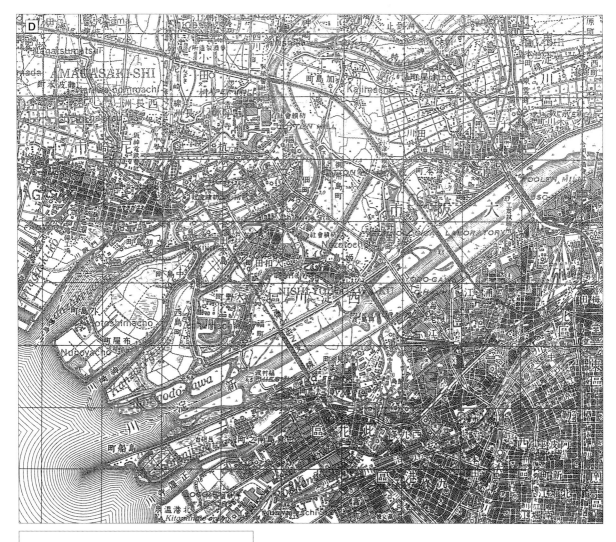

A.M.S. L775

First Edition (AMS 1) 1944

Prepared under the direction of the Chief of Engineers,
U. S. Army, by the Army Map Service (CV), U. S. Army.
Washington, D. C., 1944. Copied from Sheet 36-12,
1:50,000, Japanese Imperial Land Survey, published
1932. All place names transcribed according to the
Modified Hepburn (Romaji) System.

Elevation measured from the mean tide of Tōkyō Bay.

て）は行われていない。

　５万分１「大阪西北部」については，参考図として
AMS（米軍地図局）が1944（昭和19）年に作成した図
を図Dとして掲げる。この図の左下に掲げた注釈に
よると，この図の元になったのは図Cの元図ではな
く，それより少し早い1932年発行の５万分１「大阪
西北部」であった。ただし，ここで抽出した範囲内
に関しては，図Dの表現内容と図Cのそれとの間の

相違点を見出すのは難しい。つまり，日本の陸地測
量部がかなりの労力を費やした図Cから図A（およ
びここで掲出を省いた改描図）への改描作業は，敵国
たるアメリカ合衆国に対してはまったく効果を発揮
することができなかったということである。さらに
言えば，米軍はこの図の新版を“AMAGASAKI”の
図名で1945年（多分３月）に作成している（テキサス
大学図書館のウェブサイトで画像公開）が，そこでは
まさに図Cの元図がベースマップとして用いられて
いる。

　戦後の本地域の変貌は著しい。図C（および図A）
に表示されていた北部の水田は完全に姿を消し，大
小の工場の中にもなくなったものが多い。鉄道関係
では阪神国道線や大阪市電など道路上を走っていた
軌道がすべて廃止されている。

31. 兵庫県西宮市——軍用機工場と電車車庫

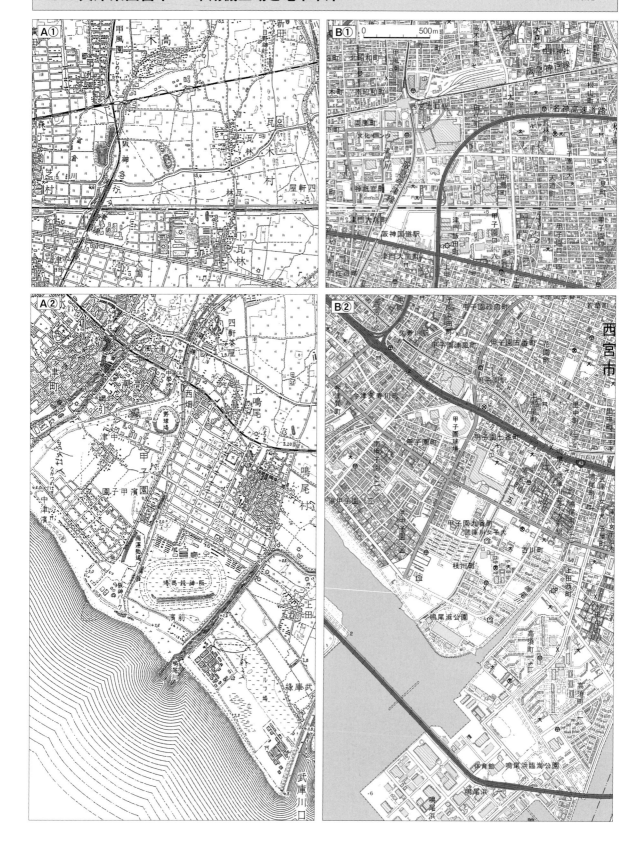

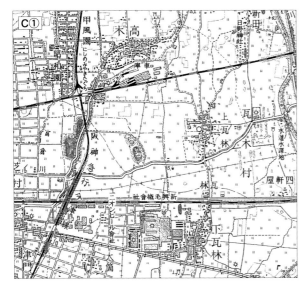

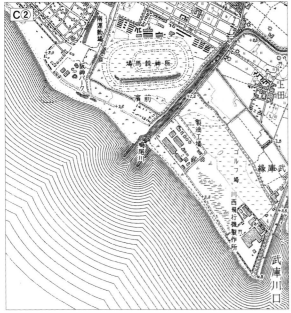

る柵で囲まれた東西に長い一画である。土地利用に関する記号はなく，小さな建造物がいくつか描かれている。ここ以外の①地区や②地区全般では，改描の可能性をうかがわせる表現は見られない。

現状を示す図Bを見ると，上記の西宮北口駅東側には注記こそないものの明らかに車庫と判読できる表現があり，図Aの不自然な表現は車庫の改描の結果であった。しかし他の改描事項を推測する手がかりは図Bからも得ることはできない。

そこで，改描前の図C（②地区は図Aでの範囲より狭い）を見ると，①地区内に上記車庫以外の改描事項がいくつか見られる。鉄道（東海道本線）の南側の2工場の名称注記の削除，右端付近の水道水源地の注記の削除，上記車庫の一画に記された発電所（多分，実態は変電所）の記号の削除などである。一方②地区では海岸付近の2つの工場が，名称の注記の削除にとどまらず，敷地内部のレイアウトを含めて念入りに改描されている。「製油工場」の方は実際には食用油の工場で，改描の必要性に疑問符が付くが，「川西飛行機製作所（正しくは川西航空機鳴尾製作所）」は海軍との関係の深い重要な軍需工場であった。

こうして隠された軍需工場ではあったが，米軍はそれを明記した日本の地形図を入手していた。前項で言及した米軍地図局製の"AMAGASAKI"がその証拠である。それがベースマップとして利用した「大阪西北部」（1936年発行：図30-Cの原図）には「川西飛行機製作所」が注記され，"AMAGASAKI"にはそこに*KAWANISHI AIRCRAFT FACTORY*と加刷されている（図30-Dの元となった"OSAKA NORTHWEST"は1932年発行図をベースマップとしたため，この工場の記載はない）。この情報に基づいてか，この工場は1945（昭和20）年6月9日に集中的な空襲を受け，壊滅的な打撃を被った。

図Cに記載されて図Aで改描された地物の内，現存するものとしては，阪急の車庫と水道水源地がある。工場は①地区のビール工場のように名称は変化しつつも近年まで存続したものもあるが，②地区の2つのように早い時期に消滅して他の土地利用に転換したものもあり，全体として変化が著しい。

現在の西宮市の東南部である。ただし改描が行われた時期には本地区はまだ西宮市と合併する前で，北部は武庫郡瓦木村，南部は同郡鳴尾村をそれぞれ中心とし，一部は他の町村も含まれていた。

改描対象地物の分布の関係で，ここではすべての図について，①と②の2地区に分けて示す。①地区は北部で阪急西宮北口駅付近，②地区は①地区から約600 m隔てた南側の武庫川河口付近である。

図Aは改描のための校正刷の一部で，校正者による書き込みがあるが，その書き込みは改描とは関係なさそうである。この図から改描を疑うことができそうなのは，唯一①地区の西宮北口駅の東側にあ

32. 奈良県吉野町と周辺——山間の水力発電所

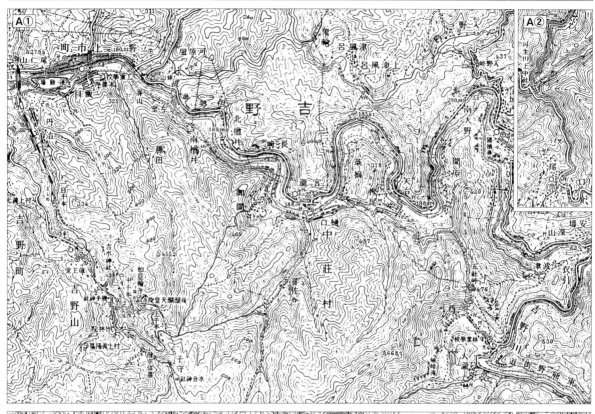

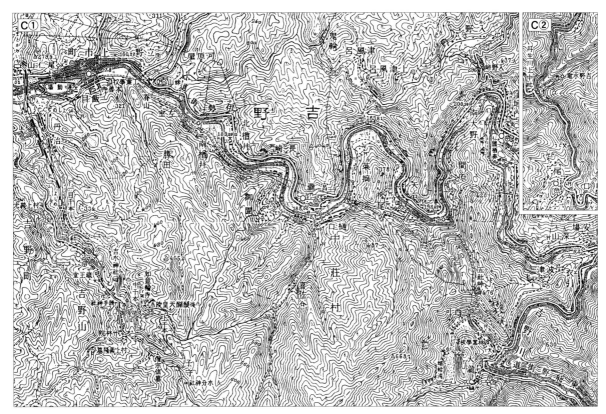

　ここで取り上げるのは観光の中心となっている吉野山ではなく，そこから東に位置する地区である。

　図Aは改描後の「吉野山」図幅から2つの地区を抜き出したもので，西の①と東の②の間は2km余り離れている。ともに吉野川流域であるが，②は正確には支流の高見川流域ということになる。

　両地区を一見しても改描箇所を見出すことは容易ではない。その意味では「成功した」改描と言えるのかもしれない。ただ，山間部の地形図で改描された地物は，多くの場合水力発電所であり，ここもその例外ではなかった。具体的には，①②両方で3か所の水力発電所が改描され，一部では発電所に通じる水路を削除することも行われている。

　以下では行論の都合上，②地区を先に，①地区を後から叙述することとする。

　②地区について改描前図を見ると，そこには「吉野水電」という注記が記されていて，改描図では記号ともども削除されていることが分かる。この発電所についていくつかの資料を参照すると，「吉野水電」は1912(大正元)年に地元資本によって作られた株式会社で，2年後の1914年に発電を開始してい

る。ごく小規模な発電所で，地元の電灯や地場産業である林業での製材に用いる電力を供給するものであった。規模が小さかったにもかかわらず改描前の図で名称が注記された理由はよく分からない。

　一方①地区では2つの水力発電所とそれらへ通じる水路が改描されたが，それらの発電所は改描前の図でも名称は記されず，記号だけであった。文献資料で補うと，上流側が樫尾発電所，下流側が吉野発電所という名称で，どちらも大正後期に大正水力電気という会社によって建設されたが，完成後ほどなく同社が宇治川電気という当時の関西の有力発電事業者に併合され，戦時期まで宇治川電気の経営であった。

　今日の状況を見ると，かつて「吉野水電」のあった地(現・東吉野村)には記号・注記とも記されていないが，これはここにあった古い小規模発電所が1963(昭和38)年に廃止された状況を反映している。しかし最近，ここではNPOによる小規模水力発電が復活し，電力自給の新しい試みとして注目されている。一方①地区の2つの発電所はいずれも関西電力傘下の水力発電所として現存する。

84

33. 和歌山県海南市──製材所と石油貯蔵庫

2万5千分1「海南」他

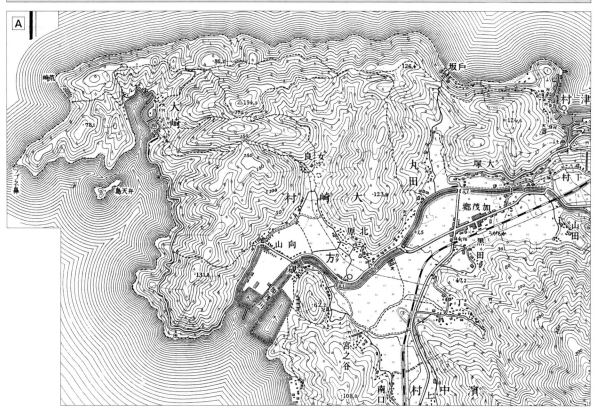

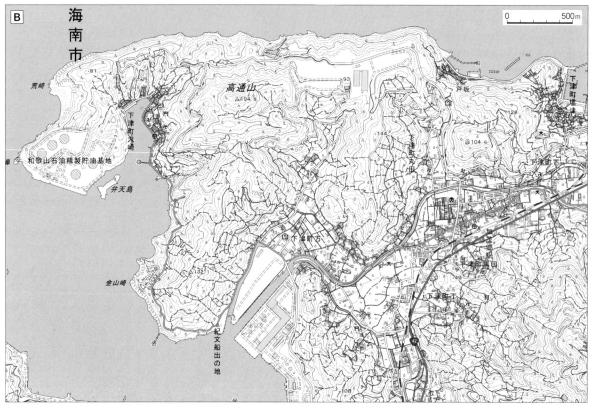

和歌山県内の地形図では改描の対象となったものが少ない。これまでの調査で確認できているものとしては，5万分1が「串本」と「田邊」，2万5千分1ではここで用いる「海南」だけである。他に改描の可能性のある図も多少あるが，確認できた改描図が3点というのは，全面的に秘図であった沖縄県を除けば全国の府県中最少であろう。理由はよく分からない。

海南という地名はさほど古くはない。1934（昭和9）年に成立した新市の名称として，「海草郡の南部」を意味する「海南」が採用され，地形図の図名も「日方」から「海南」に変わった。さらに言えば，本図中で改描が行われた場所は，本図発行時には大部分が海草郡大崎村（一部は同郡浜中村）に属し，昭和の大合併時に同郡下津町の一部となった後，平成の大合併によって海南市に含まれることになった。

改描図である図Aから改描の痕跡は読み取れるであろうか。可能性の有無をひとつずつチェックしていくと，まず鉄道線路沿いの人工地形は図中の2か所で見えており，否定される。水力発電所が置かれる場所として河口部は考えにくいし，軍の部隊が置かれたとも思えない。こうした消去法で残るのが，加茂川河口部右岸の空地とそれに隣接する水面に記された「材料貯蓄場」の記号である（左岸側にもある）。水面が貯蓄場というのは常識的に考えて貯木場であろう。さらにもう1か所，そこから少し南の海岸部に埋め立ての跡が見てとれる。疑わしいのはこれら2か所である。

現状を示す図Bでは上記の2か所はつながってい

るように見え，全体としてかなりの規模をもつ工場か何かのようである。図Bは国土地理院の「地理院地図」を用いているが，現行の平成25年図式では工場の記号が廃止され，名称が注記されるのはよほどの大規模工場に限られることから，これが何であるのか，そして旧版地形図の改描と関係があるのかどうかを知る手がかりは得られない。

そこで図Cを見ると，貯木場を伴う河口部の平地は「東洋製材所」で，その南の埋立地には石油庫が建てられていたことが分かる。下津町史編集委員会（1976）によれば，前者は大正期にかなりの規模を有していた竜王木材工業が昭和初年に倒産した後に何代か代替わりした中のひとつであった。また後者はローカルな貯油場であったが，本図の改描が行われたまさにその時期に，製材所用地ともども丸善石油に買収され，そこに「丸善石油下津製油所」が建設された。

参考図として5万分1「海南」の秘密図（図D，改描はないはず）と市販図（図E，定価欄に（ ）がある）を掲げる。両者の表現は同一であり，5万分1図ではこの部分は改描されなかったと考えられる（他の地区の改描内容は不明）。もともと注記のなかった程度の規模の工場や石油庫なら，特に改描が必要とは判断されなかったということなのであろうか。同じ地物が地図の縮尺の大小によって改描されたり，されなかったりするのは，一見すると不統一のようであるが，よく考えてみると，地物の特性がより目立つ大縮尺図で改描が行われるのは，当然のことなのかもしれない。

34. 鳥取県米子市——工場と鉄道施設

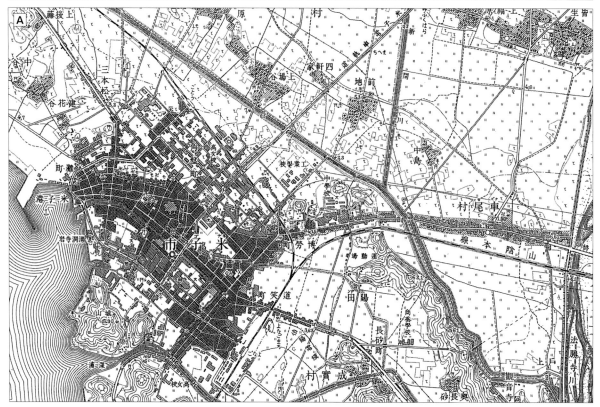

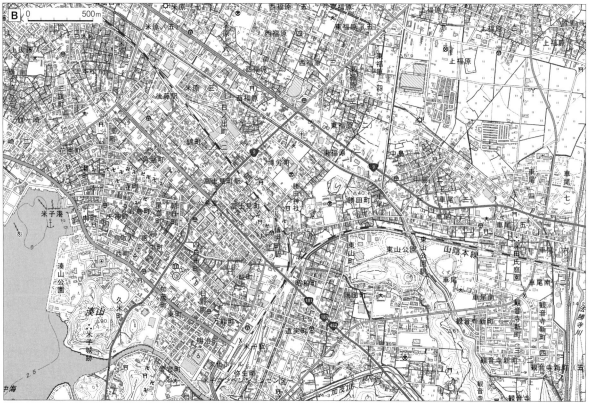

　鳥取県西部、中海に臨む米子は、旧伯耆国第一の都市としての地位を近世初頭以来保ち続けている。正式の城下町としての期間は江戸時代初頭の数十年に過ぎなかったが、廃藩以後も鳥取藩の家老荒尾氏が実質的な城主となり、城下町的な都市構造を維持していた。

　改描図の図Aだけを見ていたのでは、どこが改描されたのかを知るのは難しい。現状を示す図Bを参照してもあまり参考にはならない。結局は改描前の図Cと見比べない限り改描箇所の解明は不可能である。そこでその作業を行うと、以下の数箇所で改描が行われたことが判明する。

　まず鉄道（境線）の後藤駅の西側の工場について、図Cでは「日本製絲會社」の注記があったが、図Aでは名称の注記が消えている。この事例はわかりやすいが、工場のレイアウトの描き換えは行われておらず、改描としては軽微なものである。工場の改描は他にもいくつかの事例があった。目に付きやすいのは米子駅の西側の工場で、他にそこから少し北西方の山麓にも、図Bにあった工場記号が図Aで消えている工場がある。この2例中、より重要なのは後者で、これは中国地方で古い伝統のある「たたら製鉄」に起源をもつ製鋼所であった。軍需にも応じて

いたのか、工場レイアウトの改描が行われている。また、駅のすぐ西側の工場は元々繊維関係の工場であったが、太平洋戦争期になって上記製鋼所の規模拡大の際にその一部に転用された。

　鉄道施設関係の改描も米子駅周辺と境線後藤駅周辺の2か所で行われた。どちらも、駅周辺の側線が省略され、後藤駅周辺では工場か車庫かが消去されている。

　戦後は、ここで改描された工場のほとんどは他地区に移転し、この図の範囲内に現存するものはJR西日本後藤総合車両所に限られる。

　なお、参考図として5万分1「米子」を3種類掲げる。図Dが改描前図、図Eと図Fが改描図である。図Eの改描内容が2万5千分1図とほぼ同様であるのに対して、1943（昭和18）年か翌年かに作られたと推測される図Fでは、図Eや2万5千分1図（図A）で改描されなかった暗渠水路（上水道用）が追加で削除されている。5万分1図と2万5千分1図で改描内容が異なるのは前項（海南）の事例とも共通するが、米子の場合には5万分1図について再改描が行われたことにより、結果的に5万分1図の方が2万5千分1図よりも改描の程度が著しいという、やや異例な事態が生じた。

35. 島根県浜田市——歩兵連隊と射撃場

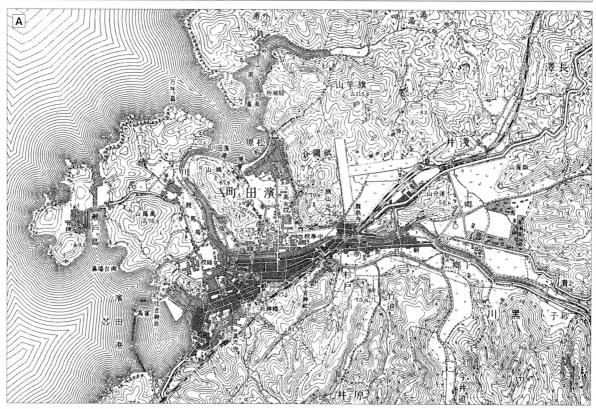

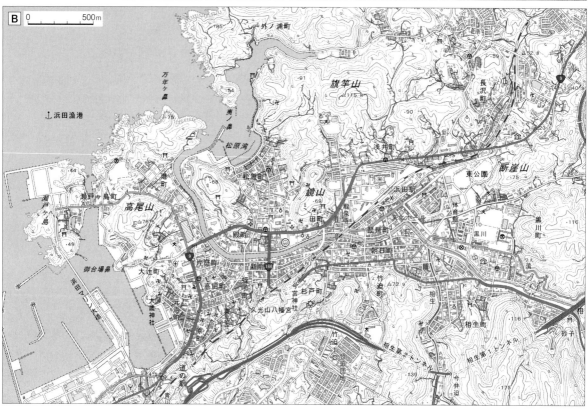

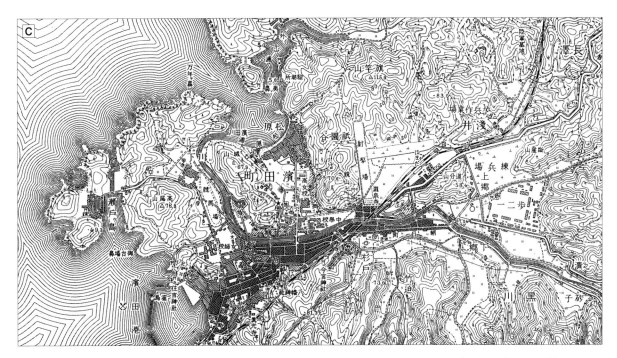

　浜田は島根県西部の旧城下町である。旧版地形図（図A，図C）を一見しただけでは旧城地の所在を判定できる根拠は見出しがたいが，よく見ると中心市街地の北側に「城山」があり，これが手がかりになるのかもしれない。現状を示す図Bにはそこに城跡の記号が記されているので，その推測で間違いなさそうである。

　図Aから改描内容の推定は可能だろうか。図の全体に目を通すと，上記の城山の東南麓に「陸海軍官衙」の記号があり，何か軍隊関係の改描だったのではないかとの可能性が頭に浮かぶ。さらに東に目をやると，浜田駅の北と西に2つの長方形の空白の区画が見える。射撃場以外には考えられない形態であるが，2つあるのはなぜなのか。

　改描前の図Cからこれらの点を確認しよう。まず城跡近くの軍機関は連隊区司令部であった。県都以外に置かれる事例は稀とまでは言えないが少数派ではあった（戦時期に入ってすべて県都に置かれることになった）。次に射撃場については，西側の南北に長い方に「射撃場」の注記が付いている。もうひとつの長方形区画には注記も記号もないが，文献によると旧射撃場であったらしい。結局，この図で改描の中心となったのは，射撃場を含む陸軍部隊であった。歩兵第21連隊は兵舎の配置が描き換えられ，

そこから練兵場に通じる架空の道路まで描かれた。歩兵作業場の注記が消されたのは当然かもしれないが，陸軍墓地の注記も消されたのは念の入った改描と言えよう。

　陸軍関係以外の改描箇所は少ないが，発電所（または変電所）の記号の削除が1か所で確認できる。当時の浜田には規模の大きな工場は存在せず，工業関係の改描はなかった。

　戦後はアメリカ軍が連隊跡地に進駐したが，比較的早く1949（昭和24）年に撤退したため，そこには2つの公立学校（市立浜田第一中学校と県立浜田高等学校）が置かれて，今日に至っている。練兵場跡地には各種の体育施設が設けられ，射撃場跡地は戸建，集合両方の住宅や専門学校からなる市街地となっている。

　図A（および C）には，浜田駅の南側に「道分山」という山（標高58.4 m）が描かれている。ところがそこは図Bでは普通の市街地となっているように見え，図Bの元として用いた地理院地図の標高表示機能を使って調べると，この山地全体を20 mほど削っているらしい。これは1980〜90年代に行われた開発事業の結果のようで，あるいはそこで生じた土砂が図Bに見える臨海部の埋め立てに用いられたのかもしれない。

36. 岡山県玉野市──造船所，精錬所など

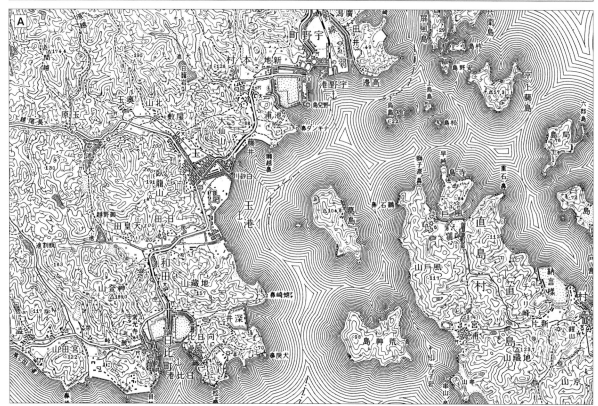

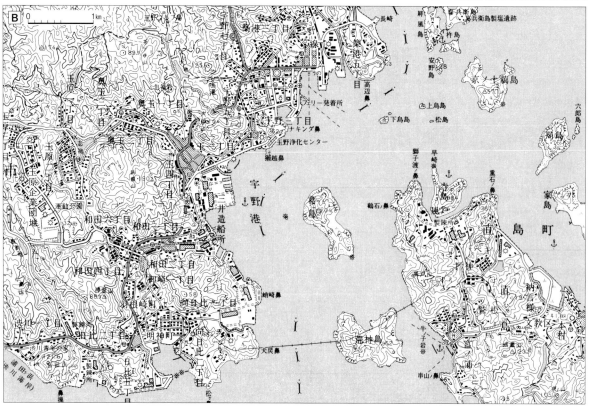

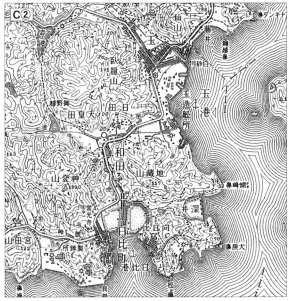

岡山県南部，瀬戸内海に面する地域である。海岸部には塩田か，その跡地と判読できる区画も見られる。なお玉野という地名は1940(昭和15)年に宇野町と日比町(中心集落のひとつが玉)が合併して市制を施行した際にできたいわゆる合成地名で，ここで用いる図の発行時にはまだ存在しなかった。

改描図の図Aにはやや不自然そうに見える箇所がいくつかあるが，改描を強く疑わせるというほどではない。鉄道の線路沿いに盛土の表示が見えないけれども，短区間でもあり改描の結果と断定はできない。ほぼ現状を示す図Bを参照すると，やや不自然に見えた地区にいくつかの重工業の工場が見られ，どうやらそれらが改描の対象とされたらしい。

ここまで見通しを立てた上で，改描前の図Cを見てみよう。その上であらためて図Aを見ると，3つの地区で改描が行われたことが読みとれる。まず北部の宇野地区では，宇野線の終点宇野駅(ここから高松港まで鉄道連絡船が就航していた)付近で，線路を間引いて表現したり，線路沿いの盛土地の表現

を削除したりする改描が行われた。ただここで興味深いのは，参考図として掲げた，図Aとは異なる改描図(図D)では，盛土地の表現が従前どおりとされていることである(線路の「間引き」は図Aと同内容)。このことから，図Aは図Dよりもかなり後になってから作られた改描図と考えることができる。

宇野地区ではまた，改描前の図Cで港の南西に描かれていた発電所の記号が，図Dでは残ったのに図Aでは削除されていることも読みとれる。宇野地区の南の玉地区について図Aでは，この辺りに塀に囲まれた広い空地をもつ計画的小街区のような不自然な表現が見られるが，ここは当時から造船所であったことが図Cで確認できる。この造船所は，大正中期に当時の三井物産によって創設されたもので，その後，名称や経営主体の変更はあったものの現存する。戦時改描の対象として造船所は最も重視されたもののひとつで，ここでも，単に名称の注記を削除しただけでなく，工場敷地と海面との間に見られた特徴的な形態も改描されている。ここでは軍用の艦船も建造されていたようで，改描は当然とも言えた。

玉地区の南南西方向に当たる日比地区では精錬所が改描対象となった。これは銅の精錬を行う工場であったが，1920(大正9)年から1936年までは操業を休止していた。ここで用いた地形図の修正年(1928年)，発行年(1931年)には操業を休止していたわけで，本来なら図Cの注記は不要だったのかもしれない。なお，この精錬所も現存する。なお図C，図Aとも，向日比の東南の海岸部に工場の記号が見える。これはじつは火薬工場で，改描されても不思議ではなかったが，規模の関係か図Aでも改描されることはなかった。

図Aでは，現玉野市と海を隔てる直島も図の範囲に入っている。そこにも金属精錬工場があったが，やはり規模の関係か改描の対象からは外れた。

1988年の瀬戸大橋線開通に伴って宇高連絡船は廃止となったが，宇野港からは直島の宮浦港(図Bでは宮ノ浦)へのフェリー航路があり，そこで乗り継ぐことによって，宇野から高松に渡ることは可能である。

37. 広島県広島市——主要軍事施設の名称削除

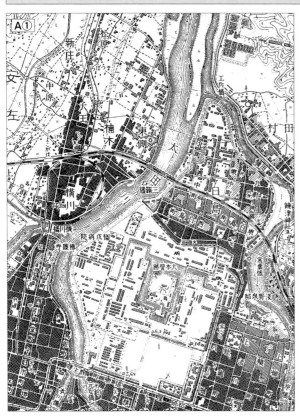

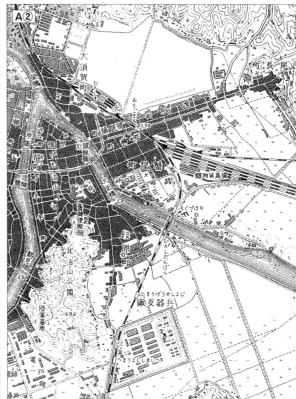

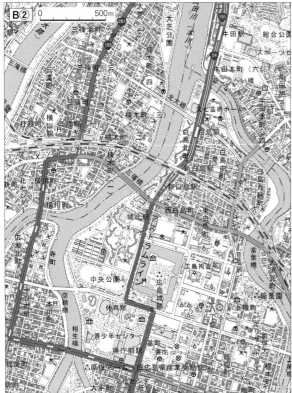

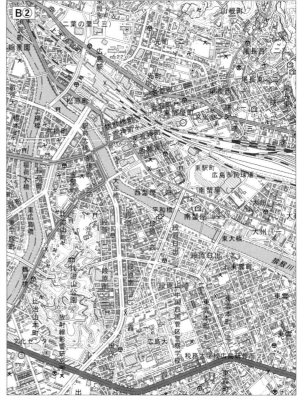

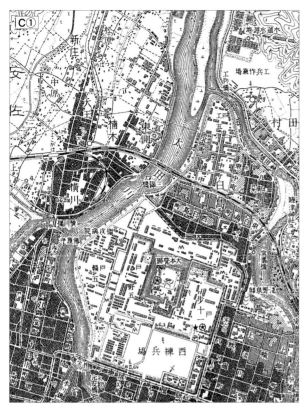

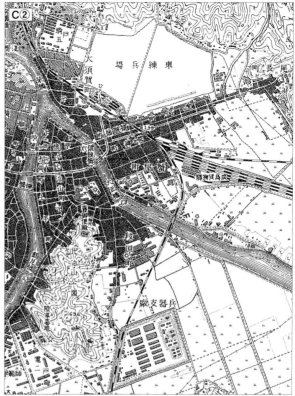

史上初めて原子爆弾による甚大な被害にあった都市として，広島の名は全世界に知れ渡っている。ただ，原爆投下までの広島がどのような都市であったのかについては，それほどよく知られているとは言えないのではないか。その点についての詳述は省くが，明治期以来ここが軍都であったこと，とりわけ日清戦争時（1894～95）には大本営が置かれたこと（図A，図Cにも「大本営跡」の注記が見える）だけは確認しておきたい。

　筆者は前著（山田 2021）で広島の5万分1地形図を取り上げ，その改描版について「初期改描図」と称するのが適切ではないかと主張した。一般的な戦時改描図と比べて，改描が軍関係施設の注記の削除に限られるという点が，その特色である。ここで用いる2万5千分1地形図についても，改描のあり方は5万分1地形図の場合とほとんど変わらない。

　以上のことを踏まえた上で，改描図の一種と位置づけられる図Aを見てみよう。ここでは，改描箇所を限られた紙面の中でなるべく広く掲載できるよう，旧城内を中心とする①地区とその東南に続く②地区（一部重なる）に分けて示す。すると，①地区の

旧城内に展開していた多くの部隊は名称を削除されただけで，兵舎の配置などは普通に表現されているらしいことが分かる。もちろん，この図だけから兵舎が正しく表現されていると読み取るのは早計であるが，少なくとも不自然な表現でないことは確かである。一方②地区では南端部の兵営記号を伴う「電二」（電信第2連隊の略称）や「兵器支廠」が描かれていて，①地区について見たこととの間の整合性に疑問が生じる。

　この疑問は，改描前の図である図Cと見比べても解決しない。それどころか，この図幅に関する，より本格的な改描図がこれまでどこでも見出せていないのはなぜだろうかという新たな疑問も生じるのである。じつは本図幅には図A，Cとも陸軍の主要港であった宇品地区などに空白部分がある。呉軍港に近く，要塞地帯でもあった。あるいは本格的な改描が行われる代わりに秘図とされた可能性も考えられる。史料的裏付けはとれていないけれども，問題提起として記しておきたい。

　軍の施設以外の改描（注記削除）としては，①地区北端の「水道水源地」の事例を指摘できる。

38. 山口県山陽小野田市と周辺──民間の火薬工場など　5万分1「船木」

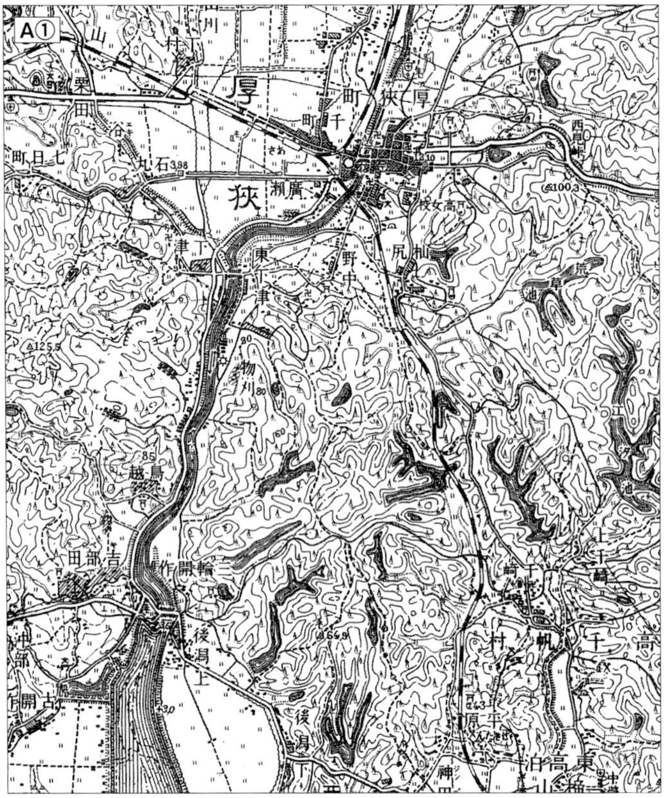

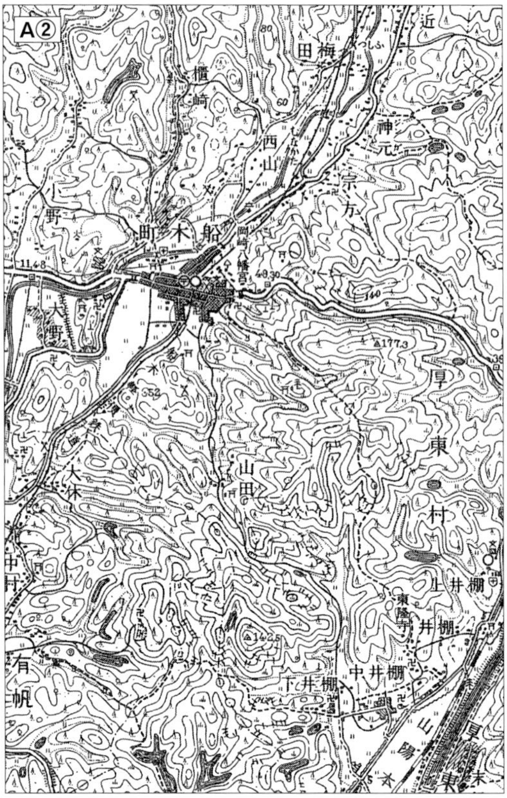

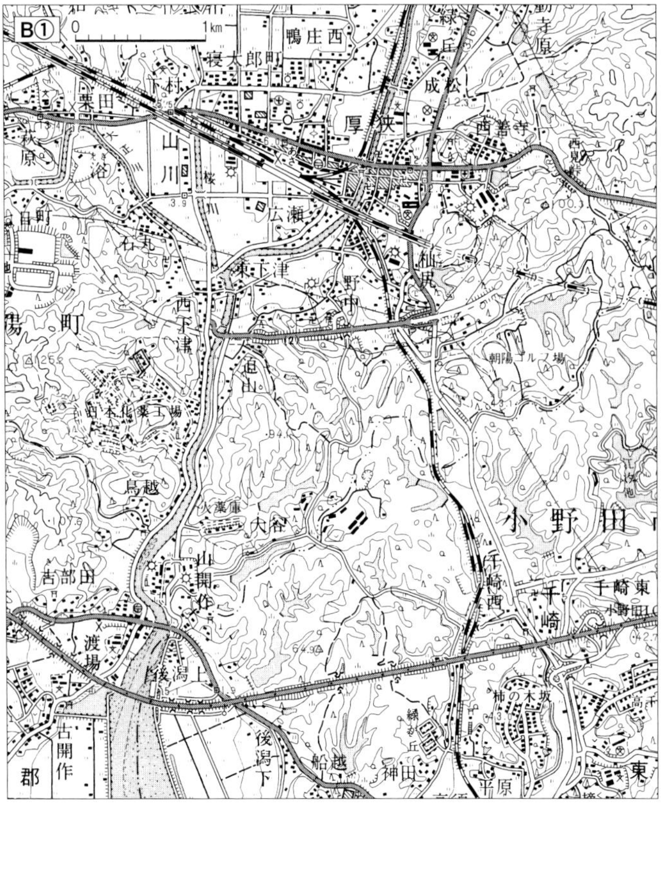

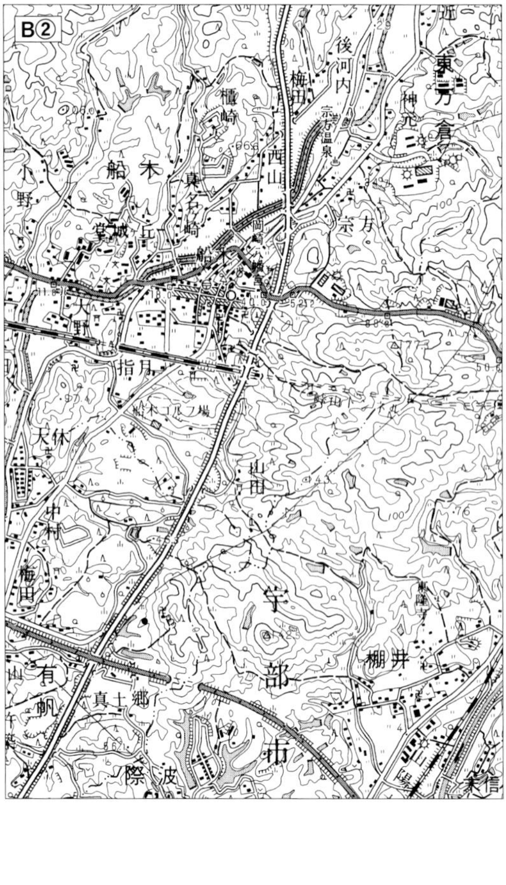

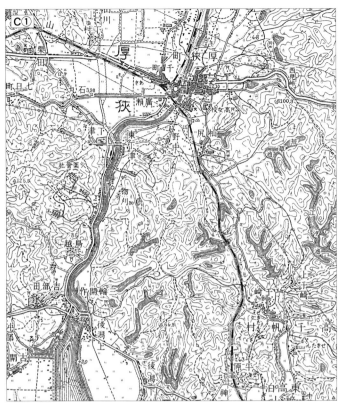

　山口県西南部，山陽本線の沿線で，本図に含まれるのは西部（①厚狭地区）が山陽小野田市（図Bでは合併前の山陽町と小野田市），東部（②船木地区）は宇部市の，それぞれ一部である。

　図Aで改描が推測されるのは鉄道の複線表示である。②地区では一部注記が切れているが「山陽本線」が単線として描かれており，①地区でも注記こそないものの，山陽本線が厚狭駅を通る事実を前提とすれば，山陽本線が単線として表示されていることは間違いない。主要幹線としての山陽本線が当時単線であったということはあり得ない。

　それ以外で図Aだけから改描を推測できる箇所はなさそうである。次に21世紀初頭の状況を示す図Bを見ると，①地区の川（厚狭川）の両岸にかなりの規模の工場が描かれ，右岸側の工場には「日本化薬工場」の注記がある。これが古いものであるなら，改描された可能性は大きいのではないか。

　以上の点を確認するために，改描前の図Cについて検討する。まず①地区では，図Bで「日本化薬工場」と記された箇所に「火薬会社」の注記があり，図Aでそれが消されるとともにレイアウトにも手

が加えられた。明治期の日本では，火薬の製造は民需用も含めて陸海軍の火薬工場がすべて担っていたが，第一次世界大戦中にようやく民間の参入が許されるようになり，草分けとして1916（大正5）年に「日本火薬」が創設された。工場立地の決定に当たっては，大阪府の千里丘陵も候補とされたらしいが，結局厚狭川右岸に決まった。瀬戸内海航路の船が満潮時には厚狭川を工場のすぐ前までさかのぼってくることが可能であった点が決め手となったようである。生産は1917年に始まり，その製品は，当時九州北部や山口県に多かった炭鉱等の鉱山で多く用いられた。軍用の火薬の生産とは長く一線を画していたが，それでも改描対象から外されることはなかった。

　②地区では数箇所に見られた炭鉱について鉱種を示す注記（せきたん）が削除されているのが目に付く。船木町役場から約1km西北西の火薬庫の記号は，なぜか見過ごされた。

　鉄道関係の改描については，図Aから推測した点の他，図Aで線路沿いの人工地形表現が削除された事実も図Cとの比較で判明する。

39. 徳島県三好市——祖谷渓の発電所

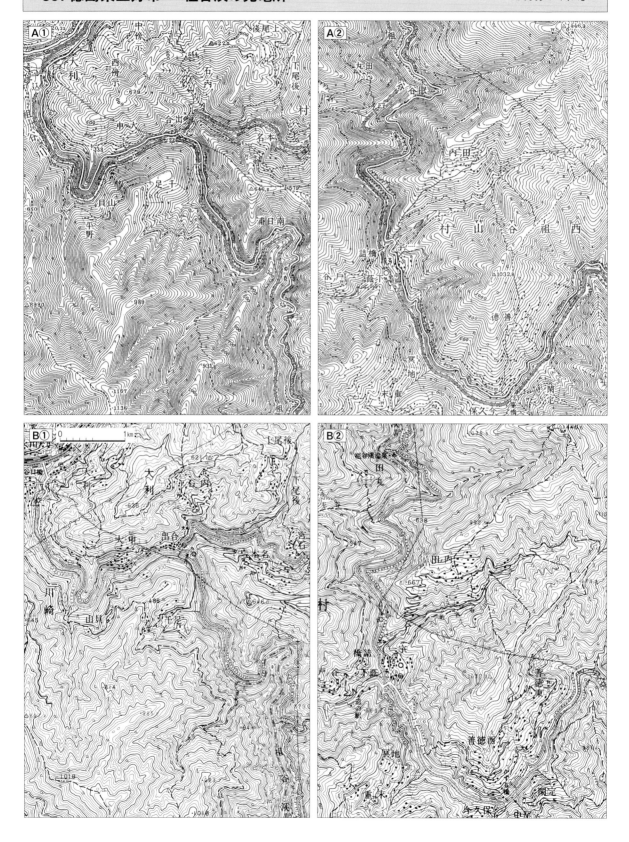

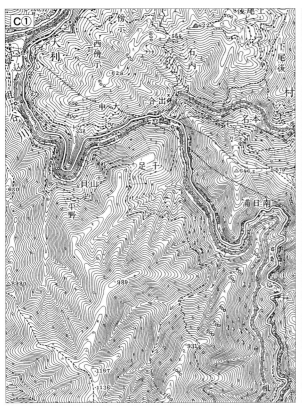

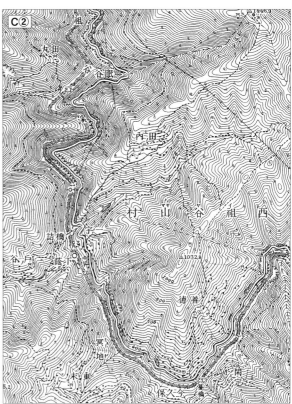

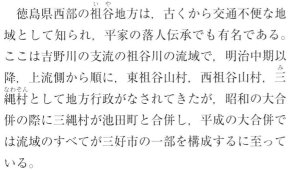

　徳島県西部の祖谷地方は，古くから交通不便な地域として知られ，平家の落人伝承でも有名である。ここは吉野川の支流の祖谷川の流域で，明治中期以降，上流側から順に，東祖谷山村，西祖谷山村，三縄村として地方行政がなされてきたが，昭和の大合併の際に三縄村が池田町と合併し，平成の大合併では流域のすべてが三好市の一部を構成するに至っている。

　ここで取り上げるのは当時の三縄村と西祖谷山村の一部である。散在した改描地物を取り込むため，①下流側（主に三縄村），②上流側（主に西祖谷山村）の2つの地区に分けて改描図を提示する（図A）。便宜上①と②を左右に並べたが，本来は①の右下方に②が少し重なって位置している。

　こうした山間部の地形図で改描された地物は，ほとんどの場合，水力発電所とそこに通じる水管や水路である。しかし，たとえそのことを頭に置いた場合でも，改描された発電所がどこにあったのかは，改描図だけを見ていたのでは分からない。一方，21世紀初頭の状況を示す図Bには，①地区，②地区ともに発電所，水管，暗渠水路が描かれている（印刷

の関係で，暗渠水路の判読はかなり難しい）が，それらがすべて図Cの時代にまでさかのぼる歴史をもつのかは不明である。

　そこで図Cを参照することになるが，①地区には2つ，②地区には1つの水力発電所が描かれている。もちろん水力であることを示す記号などはないが，やや読みとりにくいものの水管や暗渠水路が併せて表示されており，火力でないことは明らかである。図Cにはこれらの発電所の名称が記されていないので，西祖谷山村（1985）などの文献資料によって補うと，下流から順に三縄発電所，出合発電所（以上①地区），一宇発電所（②地区）となる。これらはすべて香川県西部を活動の拠点とした四国水力電気株式会社によるもので，最も古いのは下流の三縄発電所の1912（大正元）年の送電開始，次いで出合発電所が1926年の送電開始，最も新しいのは一宇発電所で1935（昭和10）年に完成している。これらの内，三縄発電所は新たな設備に置き替えられた際に場所も数百メートル下流に移動したが，他の2つは元の位置に現存しているようである。

　発電所関係以外の改描は見られない。

40. 香川県善通寺市——小門前町に置かれた師団

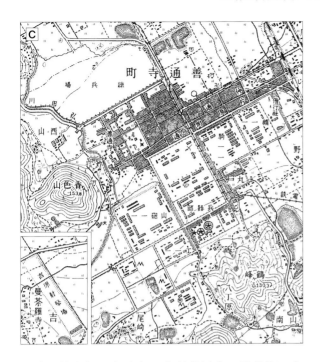

　香川県中部，真言宗の古刹善通寺の門前町である。それだけであれば，そこの地形図が改描されるようなことはなかったかもしれないが，ここには明治期から陸軍の第11師団と，その隷下の諸部隊が置かれ，四国随一の軍都となっていた。そのため広大な軍用地の全体が改描の対象となったのである。なお，師団所在地が終戦時まで市制施行に至らなかったというのは，全国でもここだけのはずである。

　このように早々と「ネタバラシ」をするのは，改描図である図Aに「陸海軍官衙」の記号があり，さらにその近くに陸軍の大部隊としか考えようのない施設が（もちろん改描した上ではあるが）描かれているからである。そして現状を示す図Bにも陸上自衛隊が描かれているとあっては，改描前の図Cに目を通すまでもなく，この図の改描事情は推測可能なのである。

　その上で改描前の図Cを検討し，図Aと比較しながら改描実態の細部に迫っていきたい。なお図Cではスペース節減のため，西部の射撃場の部分を割図として図C左下に挿入している。

　図Cでは師団と旅団の司令部の記号があるが，名称は記されていない。旅団の名称（番号）を知る手がかりは図上にはないが，師団については，騎兵，輜重兵，山砲兵の部隊（連隊か大隊かは図からは分からない）がすべて「一一」とあることから，第11師団であろうとの推測が可能となる。

　歩兵連隊が見られないのは師団所在地としてはやや異例である。この点については，ここから約7km北の丸亀に歩兵連隊が置かれていたことに加えて，次のような事情があったことに注意したい。じつは，図Cの「騎一一」と「山砲一一」の間にある空地（「憲兵隊」の記号が記されている）には，大正末の軍縮までは歩兵連隊が置かれていた。軍縮の結果，その連隊は徳島に移駐し，跡地は憲兵隊や倉庫に利用されていた（後に小学校もできた）。

　図Aでは陸軍関係の諸施設が徹底的に改描された。練兵場の北西端にあった火薬庫も，陸軍所轄記号の削除にとどまらず火薬庫記号そのものが削除された。他の地区の例では憲兵隊の記号は消されなかったケースが多いように思われるが，ここではそれも削除された。また，単に注記が削除されただけでなく，兵舎などの建物配置にも大幅に手が加えられた。ただ1点だけ注意しておきたいことは，実在する部隊を改描する際には，それの敷地出入口（門）の位置は正しく表現されているという点である。虚偽表現とは言っても，ただやみくもにデタラメを描いたわけではなかった。

　軍隊関係以外の改描箇所としては善通寺駅のすぐ東側にあった発電所（または変電所）が指摘できるにとどまる。

　戦後の善通寺の旧軍用地は，一部は全国に多く事例が見られるように公立中学校の敷地とされ，今日の四国学院大学など私立の学校にも利用されている。また，1950年代以降は警察予備隊⇒保安隊⇒陸上自衛隊の駐屯地ともなっており，その点で善通寺は戦前からの連続性を強く有している。

　図Cでは，軍用地の北東端に「偕行社」の注記がある（図Aでは削除）。偕行社は帝国陸軍における将校の親睦・研修のための組織で，師団所在地にそれぞれ独立の建物を有していた。現存する建物は半数に満たないが，ここの場合は戦後の目まぐるしい用途変更の後に，近年，整備・改修が行われ，市民に開かれた施設として利用されている。

41. 愛媛県新居浜市——銅山と関連工業

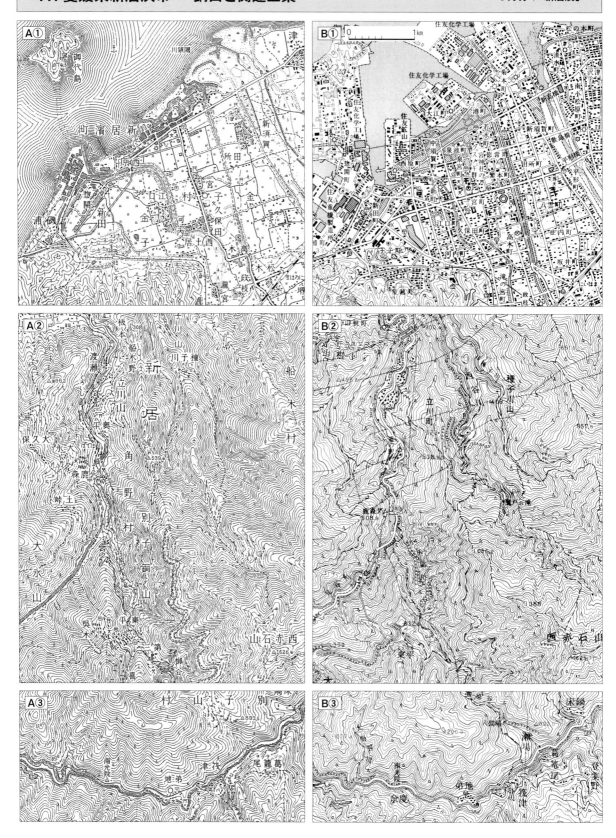

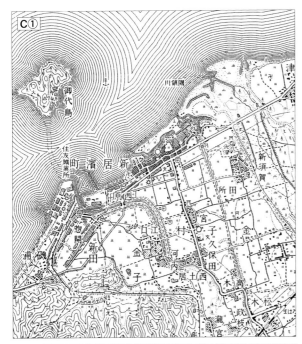

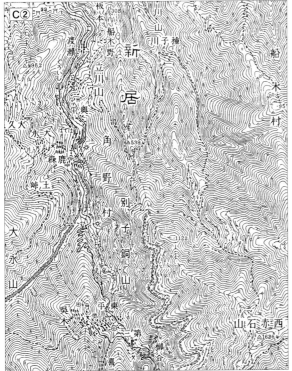

　新居浜は愛媛県東部の鉱工業都市である。ただし鉱業部門は，別子銅山の閉山(1973)により過去のものとなっている。なお，ここの場合，工業地区としての新居浜の中心市街地と，銅鉱山のあった別子地区とではかなりの距離があったので，ここでは①中心市街地，②本図作成当時の銅鉱業の中心地区，③さらにそこから離れた旧別子山地区の3地区に分けて示すこととする。

　改描図(図A)を見ると，①地区の臨海部に港湾が見られ，付近には「特殊鉄道」の終着駅もある。改描が行われたとすれば，この辺りではないのか。②地区では改描図なのに「別子銅山」と表示されている。これ以上，何が改描されたのであろうか。また③地区では「採礦地」の記号が見られる。

　一方21世紀初頭の状況を示す図Bでは，①地区の臨海部に重化学工業の工場群が立ち並んでおり，その中の歴史の古いものは図Aにおいて改描された可能性がある。②③の両地区については図Bから改描を知る手がかりは得られそうもない。

　そこで改描前の図Cを見ると，①では予想どおり「住友礦業所」と注記された臨海部の工場が主な改描箇所であった。新居浜市(1980)などの文献によると，もともとはここで別子銅山産出の銅を精錬していたが，昭和初期の時点では，精錬はすでに沖合の四阪島に移り，ここの工場は肥料などの化学工業へとシフトしていた。ここの改描はかなり徹底しており，構内の発電所(または変電所)や煙突の記号が削除されただけでなく，市街地のように描く偽装を行っている。この工場以外の改描箇所は少ないが，発電所(または変電所)の記号の削除は，上記の工場構内のもの以外でも見られる。次の②地区は①地区の東南方で，別子銅山の中心部であった。鉱石運搬用の軌道が南北に走り，最終的には①地区までつながる。この地区で改描された地物は発電所(または変電所)だけである。③は②地区からさらに峠を越えた東南の地区で，別子銅山発祥の地とも言うべき所である。ここでは，図A，図Cとも「採鉱地」記号に鉱種名(どう)も添えられていて，銅鉱山の表示は改描されなかったことが知られる。その理由は残念ながら不明である。

42. 高知県高知市——工場と放送局

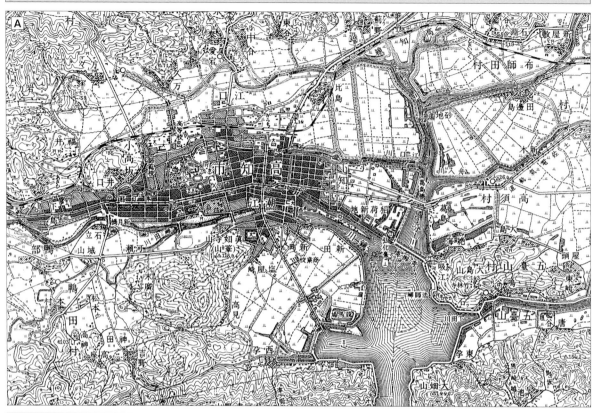

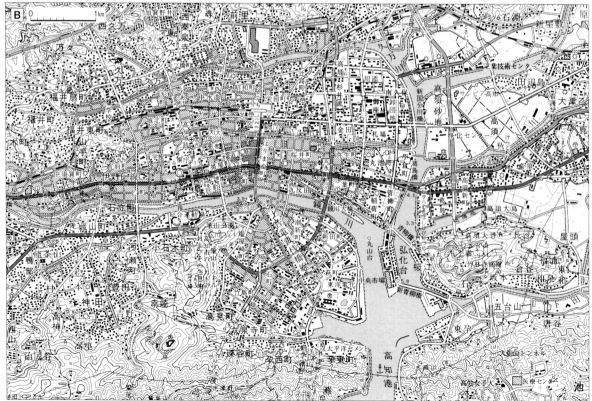

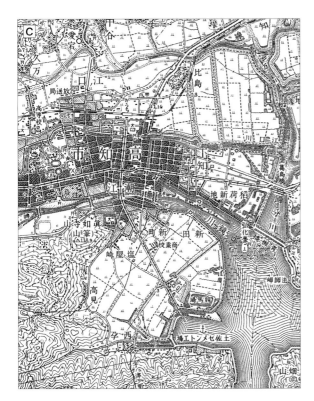

22万石余の石高をもつ土佐藩（山内氏）の城下町である。明治維新以後も旧土佐国と同じ領域からなる高知県の県庁所在地として栄え、今日でもその人口規模は県下第2の都市である南国市の人口の7倍強を誇っている。

　そうした、いわば典型的な地方中心都市である高知の地形図にも改描の手は及んだ。ただ、改描図である図Aを見ても、改描内容はよく分からない。県庁の東隣に「陸海軍官衙」の記号が記されていて、この記号の存在自体が改描図の証拠とも言えるが、はたして改描はそれだけなのであろうか。

　21世紀初頭の高知の状況を示す図Bでは、市街地南端部のセメント工場など注記のある工場がいくつか見られ、それらの一部が改描の対象となったのかもしれない。

　改描前の図Cによって改描箇所を特定してみよう。まず指摘できるのは工場に付けられた名称の注記が削除されたケースである。上で可能性を指摘した中のセメント工場（土佐セメント）がそれに該当する。高知市史編纂委員会（1971）などの文献資料の記述その他を参考にすると、古く明治年間に地元資本によってできた工場のようであるが、戦時中に大手

の浅野セメントに併合された。戦後は日本セメントへの社名変更やさらなる企業合同を経て太平洋セメント土佐工場となったが、2010（平成22）年にセメントの生産を終え、工場としては現存しない。記号だけで表示された工場は図C中にもいくつか見られるが、図Aで記号が消された事例はなさそうである。次にやはり注記削除の事例として市街地北方の「放送局」があげられる。昭和戦前期であるから、もちろんラジオ、それもNHK（日本放送協会）に限られるが、高知では数年間の熱心な地元の運動の結果、本図の修正年次である1933（昭和8）年の前年に送信が開始されている。記号だけが削除された改描の事例としては、市内各地に点在する発電所記号が指摘できる。小規模な火力発電所か変電所のどちらかであろう。

　高知に軍隊は配備されなかったのかとの疑問が生じるかもしれない。実際には、高知にも陸軍歩兵第44連隊が1897（明治30）年以降配置されたが、その場所が本図の西端から西へ約1km離れた所だったために、この図には示されなかったという事情である。掲載地形図も隣接の「伊野」図幅となり、そこでは改描が行われている。なお、上記した「陸海軍官衙」は「連隊区司令部」であったことが図C上の記号（黒い星印）からうかがわれる。連隊区司令部とは、徴兵その他の業務にかかわる機関であった。

　改描とは関係ないが、図A中に見える鉄道線の名称について付け加えておく。「高知線」と記されているが、言うまでもなく現・土讃線である。なぜこうした表記になったのか、その理由としては、この図（厳密には図C）の修正が行われた1933年の時点では、この鉄道は高知・徳島両県の県境付近が未開業であったことがあげられる。線名も高知線で正しかった。未開業区間が全通したのは1935年11月で、「土讃線」はそれ以後の線名なのである。

　戦後の変化を既述のセメント工場以外について述べると、放送局は戦後都心部に移転した一方で、発電所（または変電所）はおおむね存続したようである。なお、「伊野」図幅中の歩兵連隊跡地は今日では高知大学の人文学部、理学部、教育学部のキャンパスとして利用されている。

43. 福岡県福岡市——石油会社と海軍用炭の積出港

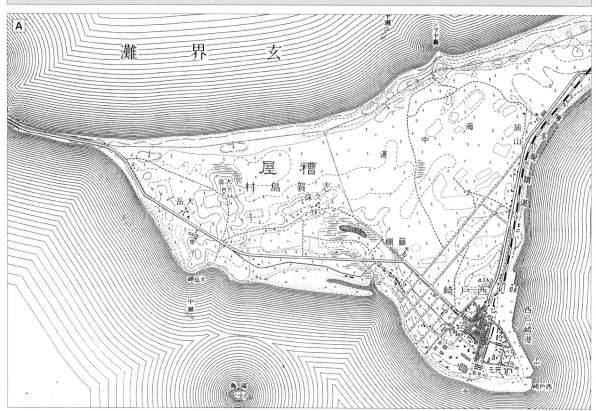

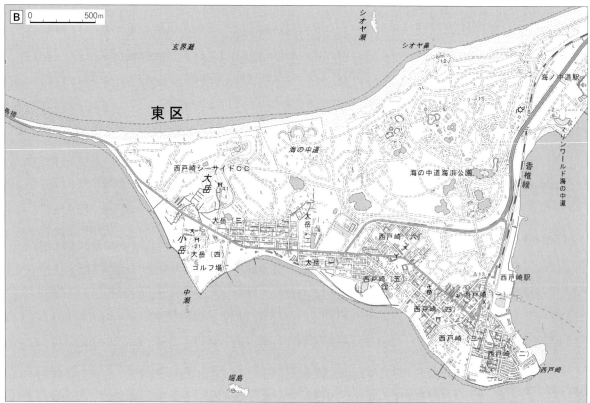

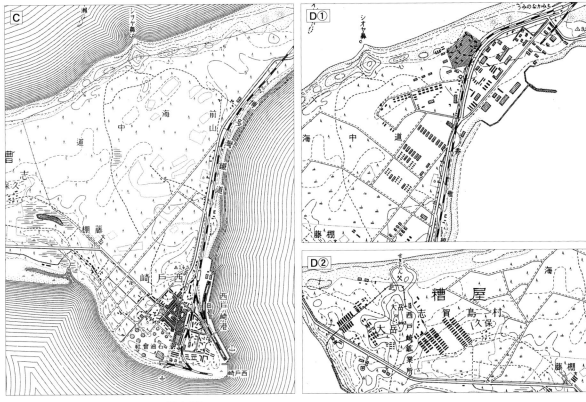

現在は福岡市東区に属する西戸崎（さいとざき）地区である。ここから，「海の中道」という砂州を通って鉄道（博多湾鉄道，現・JR香椎線）や道路が東に延び，陸路ではそれらがこの地区と福岡市中心部を結んでいる。

改描図（図A）を眺めても，その中の改描事項を推測することは困難であろう。また改描図と現況図（図B）を見比べてもヒントは得られない。強いて言えば，図Bでは西戸崎の西北西約700mの所にタンクが多数描かれていて，図Aでのそこの表現が何かよく分からないものであることは，疑問を生じさせるかもしれない。

改描前の図Cを参照すると，そこに「石油会社」の注記があり，タンクも描かれている。やはりここが改描の対象であった。他に，鉄道の終点（注記はないが西戸崎駅）からさらにスイッチバックを伴う線路が2か所に延びていたのが，ともに消去されている。なお，水面に「田」の字に似た記号があり，図Aで削除されたが，これは「検潮所」で，地形図の図郭外にある記号表では省かれている，出現頻度の低いものである。文献資料によれば，西戸崎港は海軍所有の炭鉱からの石炭積み出しのためのもの

で，明治期までさかのぼる。

図Cは，1939（昭和14）年2月28日発行である。改描制度開始後1年半が経過していた時期で，この図が改描されずに刊行されたのは意外である。しかも国会図書館と大阪市立中央図書館の2館に所蔵されているという事実は，この図が当時ある程度の数世に出ていたことを意味し，不思議な気がする。改描図としての図Aの作成時期は，図郭外の記載内容（ここでは省略）から，筆者が山田（2021）等で設定したⅡ期の間（1939年初夏～1941年初夏）と推察される。

図Cの元となった地形図の作成途中の1937年に，西戸崎駅からはかなり西の大岳（おおたけ）地区で炭鉱が開かれた。本図の修正測量は1935年と記されているので，この炭鉱（西戸崎炭鉱）が図上に描かれていないのは改描とは無関係である。西戸崎炭鉱と，炭鉱住宅と思われる住宅群は，1950年修正の参考図（図D②）で初めて表示されたが，エネルギー革命の中，この炭鉱は1964年に閉山となった。一方，本図の東北～中部では1940年に海軍航空隊が置かれ，その後，米軍基地としての利用（図D①；ただしその旨の表示はない）を経て，今日では公園となっている。

44. 福岡県大牟田市──炭鉱と石炭化学工業

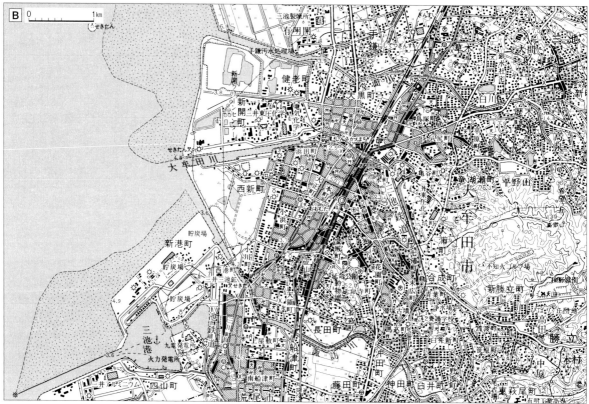

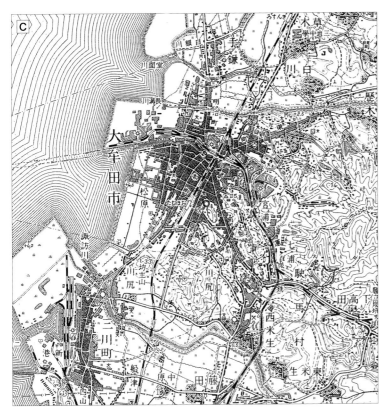

福岡県の南端に位置する大牟田は，かつて三井資本の経営する三池炭鉱の中心都市であり，かつ比較的早い時期（大正期）から関連する石炭化学工業も起こるなど，日立や宇部と並ぶ近代日本の典型的な鉱工業都市のひとつであった。

改描図の図Aから改描が疑われる箇所は見出せるであろうか。私見では2か所指摘できそうである。どちらも海岸部で，一方は北部，長溝川河口の南側の埋立地と見られる一画，もう一方は南部，三池港一帯である。前者は住宅地のように描かれているが，この時代に埋立地（または干拓地）上の大規模住宅地は考えにくい。後者は石炭の積出港のはずであるが，周囲は荒地が広がるばかりで，ここに描かれた程度の陸上施設で積出港としての機能を果たしえたのか疑問が残る。一方，内陸部には運炭鉄道や「勝立炭坑」の注記，それに「採礦地」の記号が見られ，炭鉱の存在自体を秘匿しようとする意図は感じられない。

こうした疑問点を20世紀末の図（図B）から解明できるかチェックしてみると，前者すなわち上記2か所の疑問点の内，北部の埋立地には重化学工業系

の工場が描かれていて，上記の推測を補強する。

改描前の図Cを見ると，工場は多数描かれているが名称はどの工場にも記されていない。当時の民間市街図で多少は補うこともできるが，ここでは省く。1点だけ付け加えると，工場の大部分は炭鉱と同じ三井系のものであった。唯一の例外は図C中の「明治町」のすぐ南側の工場で，これは鐘紡の工場である。インフラ施設としては，鉄道（鹿児島本線）が南北に走るほか，「運炭鉄道」との注記のある区間も含めて多くの鉄道線が炭鉱，工場，港湾を結んでいる。港湾施設としては三池港があり，その形態から人工港であることが読み取れる。また発電所の記号が2か所で確認できる。三池港に隣接するものは，煙突の記号を伴うことから火力発電所であろう。北部のものは変電所かもしれない。

これらの内，図Aで改描されたものとしては，工場の大部分，運炭鉄道の一部，発電所などをあげることができる。工場のレイアウトが改描されたものは一部にとどまるが，北部の臨海地区の工場（電気化学工業会社の工場その他）は，すでに見たように全面的に改描されている。その他の改描の実態については，図Aと図Cをじっくりと見比べていただきたい。

戦時中の大牟田は激しい空襲を受けたが，戦後は石炭と鉄鋼を復興の基軸に据えるという国の産業政策（いわゆる「傾斜生産方式」）の影響もあって，比較的早く復興を遂げた。それでも1960年代になると，エネルギー革命の中で大規模な労働争議や悲惨な坑内事故も生じた。それでも三池炭鉱はかなり長く命脈を保ち，その閉山は1997（平成9）年であった。

本書における図Bは，現状を示す図を掲げるのが本来の趣旨である。しかし，「凡例」（6頁参照）に記した理由から，ここの図Bは三池炭鉱がまだ現役であった時代のいわば「古地図」である。今となっては，むしろ貴重な図と言えるかもしれない。

45. 佐賀県佐賀市──小規模陸軍部隊の改描

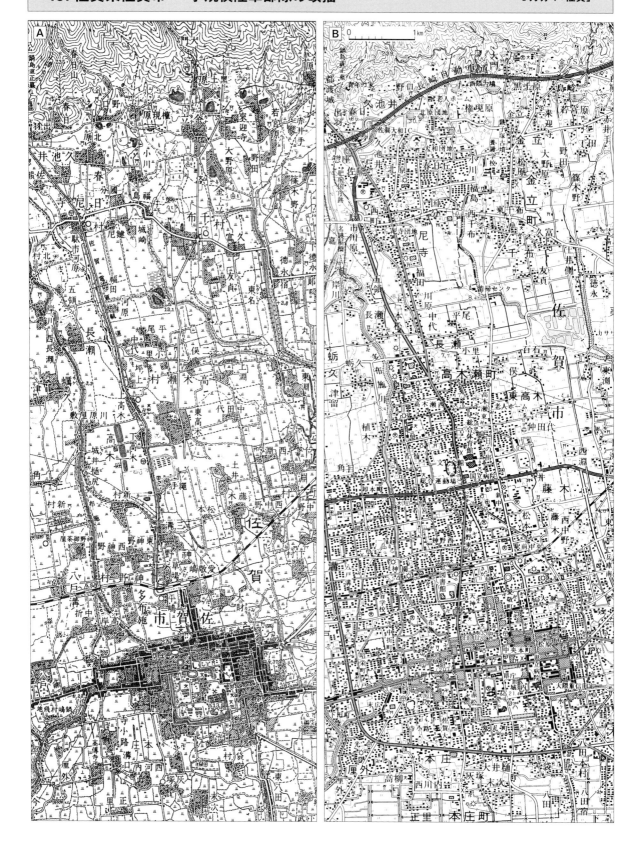

佐賀は江戸時代には鍋島藩35万7千石の城下町で，1876（明治9）年に県都の地位を失ったが，1883年の佐賀県再置後は県庁所在都市として今日に至っている。

ここで取り上げる5万分1「佐賀」図幅は，改描制度開始後に通常の修正が行われたため，元々発行されていた図に後から改描を加えたものと，修正後に当初から改描図として発行されたものという2種の改描図が存在している。

まず示すのは早くに作られた改描図である（図A）。図を観察すると，佐賀駅の北方約2kmの所に，周りを土塁（記号の名称は「土圍」）で囲まれた一画があり，その東では道路が何本か不自然に切れている。道路や等高線が不自然に切れている箇所は図の北端付近にも見られる。これらは改描を疑わせる表現である。

佐賀の近況を示す図Bでは，上記2か所の内前者の地区に大規模な総合体育館と文化会館が見え，道路を隔てた西側にも運動場がある。このことだけでこの地区の過去の姿を判定することはできないにしても，上に記した図Aでの表現を併せ考えると，ここがかつて軍用地であったと考えることにはかなりの合理性があるのではないか。

そこで改描前の図Cに目を移すと，上で行った推測は正しく，そこには「歩四八分屯大隊」の注記がある。また図Aで不自然に見えた北部の箇所は陸軍所轄の射撃場であった。佐賀へは1908年に歩兵第55連隊が配置されたが，1920年代半ばから数年間の軍縮の時代に，この連隊は25kmほど東の福岡県久留米に移転し，一個大隊だけが佐賀に残った。図Cはまさにその状況を示している。

そうした小規模な部隊ではあっても，地形図上では改描を免れることはできなかった。図Aでは，図Cにあった分屯大隊名の注記が削除されている。こうした軽微な改描について，筆者は「初期改描図」という名称で呼ぶのが適切ではないかと提案した（山田 2018, 2021）。なお図Aで注記が削除された部隊名はかなり文字数が多かったために，元々の図Cでは道路の記号の一部がその注記に隠れて消されていた。本来なら図Aではその部分を補描する必要があったはずだが，そうした措置はとられていない。その結果，何とも不自然に見える図となってしまったのである。

この改描図が作られるのと相前後して，佐賀とその周辺の地区では新たな修正図が作られていた。5万分1「佐賀」図幅の場合，新たな修正図は1943（昭和18）年10月30日に発行された（図D）。すでに地形図の一般への販売が停止されていた時期である。ここでは，軍用地以外に発電所（または変電所）も改描（記号削除）されている可能性がある。

戦後の旧軍用地は引揚者住宅や農業試験場などとして利用され，後には図Bに見えるスポーツ施設や文化会館，それに加えて公務員住宅などもできている。

46. 長崎県諫早市——鉄道沿線の人工地形

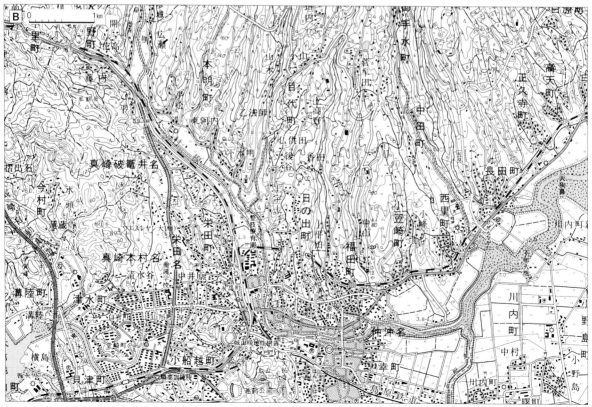

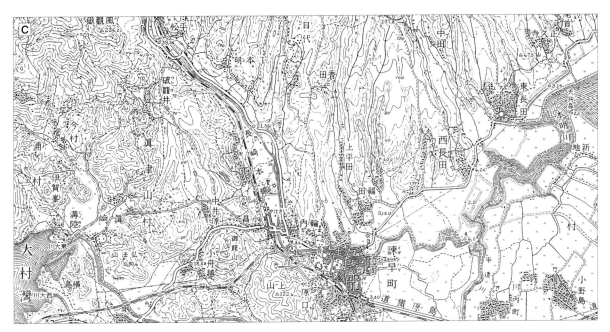

改描図の研究に当たって長崎県は扱いにくい所である。というのは，二大主要都市である長崎と佐世保を含む地域の大縮尺図が一貫して秘図とされていただけでなく，図幅数では相当数を占める五島や壱岐・対馬の島嶼部もほとんどの図幅は秘図とされ，したがって改描図が作られることはなかったからである。そうした中で，改描が目立つ図幅としては，5万分1「大村」や2万5千分1「武留路山（むるろやま）」が代表的なものであろう。そこでは，飛行場をもつ海軍の航空隊や陸軍の歩兵連隊が改描されている。しかし，その種の施設の改描は，本書中に類似の例をいくつか見出すことができるため，ここではあえて目立たない改描がなされている事例として，5万分1「諫早」図幅を取り上げる。

改描図である図Aだけを見ていても，おそらく改描箇所を推測することは不可能であろう。この図では諫早の中心市街地に発電所記号（おそらく変電所）が見えており，改描対象はこれではない（発電所，変電所は必ず改描というわけではなかった）。また，近年の状況を示す図Bからも，参考になりそうな情報は得られないように思える。そうなると，やはり改描前の図（図C）と比較することがどうしても必要となる。

図Aと図Cをよくよく見比べると，図Cにある長崎本線（諫早駅以北は後に大村線）の線路沿いの人工地形の表現，それに橋梁の表現が，図Aでは削除されていることが分かる。これは本書中すでに「11.群馬県桐生市」（36〜37頁）などで取り上げたのと類似する改描内容である。筆者がこれまでに調査した結果によれば，こうした鉄道線路沿いの改描は，改描制度開始後早い時期には行われず，1941（昭和16）年ごろからの図に限って見られるものである。筆者はかつて国土地理院の「地図と測量の科学館」で，陸地測量部時代に作られたある内部資料を目にする機会があったが，そこには，地形図の改描が一通り終わった1939年12月に軍用資源秘密保護法に基づく鉄道省令に従って新たに改描を行う必要が生じ，翌年春にかけて東海地方への現地視察を含む検討が行われたことが記されていた。本項や桐生の項で取り上げた鉄道線路の改描は，こうした事情によるものであったと考えられる。

こうした改描が行われたのは，鉄道線路が一種の人工地形である盛土地の上に敷設されている箇所は，平坦な地面の上に直接建設されている所と比べて，爆撃などの攻撃に対して弱いと考えられたことによるらしい。ただし，作業に相当な手間をかけてまで線路沿いのケバを消す必要が本当にあったのか，大いに疑問である。

なお，長崎県下の地形図の改描についての貴重な先行研究成果として大平（2021）がある。

47. 熊本県熊本市──陸軍第6師団と諸部隊など

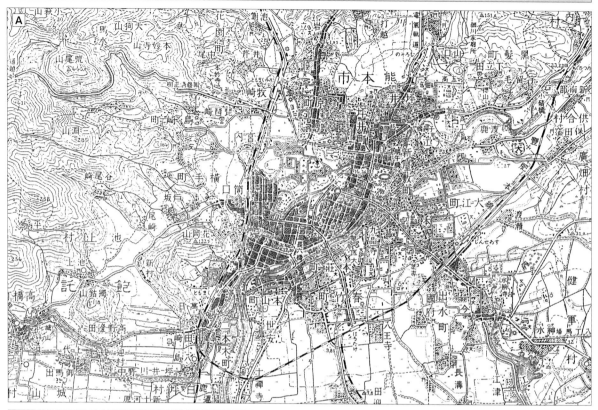

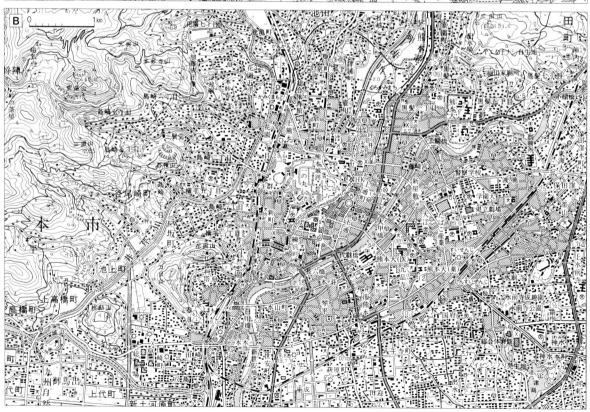

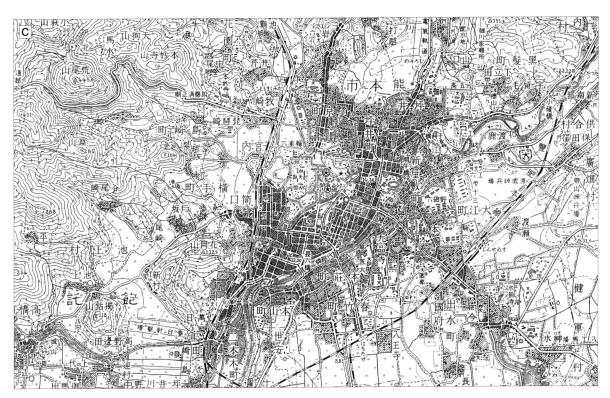

大藩の城下町が，明治以降にもたとえば鎮台（⇒師団）や旧制高校（ナンバースクール）などの設置を通じて，県域を超える地方レベルの中核都市として機能し続けるという事例は，いくつか存在している。ここで取り上げる熊本は，仙台や名古屋と並ぶそうした事例都市のひとつであった。福岡が広域中心都市としての地位を確立するのは第二次大戦後のことである。

熊本は1877（明治10）年の西南戦争で大きな被害を受けた。戦後には旧城地だけでなく，周辺の旧武家屋敷地区にまで軍用地が展開した結果，市街地が軍用地によって分断される状況が生じた。そうした状況を改善するため，早くも1890年代後半には都心部近くの軍用地のかなりの部分を市街地東郊に移転するという事業が行われた。この事業は1910年ごろまでに一まず完了し，「新市街」と呼ばれる地区が誕生した。その際に市街地内部に残った歩兵連隊も，1920年代に東郊に移り，これで近代の熊本の都市構造はほぼ完成を見た。

図Aおよびその元となった図Cに見える状況はこれ以後の時期のものである。図Aで改描がうかがわれるのは，旧城内とおぼしき地区（城跡の記号

はない）に「陸海軍官衙」の記号が記されていることで，そこに何らかの軍の機関が置かれていたことは確実である。この点以外には図Aの改描箇所を推測することは難しそうである。また20世紀末期の状況を示す図Bからも，図Aの改描の細部を知ることはできない。

そこで改描前の図Cと図Aを比較すると，改描内容はかなり多岐にわたっていたことが分かる。陸軍関係では旧城内の「官衙」は師団，旅団，連隊区の3つの司令部が揃っていた（ただし，図Aでの「陸海軍官衙」記号は1つだけ描かれている）し，他に城の北西には輜重兵の部隊もあった。一方，郊外移転した部隊も図Cにはすべて表現されていたものが，図Aでは改描されている。軍隊関係以外の改描箇所としては，北郊にあった上水道関連の施設（配水池）や熊本駅から東南約550mの所にあった発電所（または変電所）があり，注記が削除されている。市内各地の小規模工場の中にも記号が削除されたものがある（すべてではない）。

戦後，図Cに見える東郊の軍用地はどこも公私立の諸学校の用地や住宅地として転用され，今日に至っている。

48. 大分県玖珠町──広大な演習場

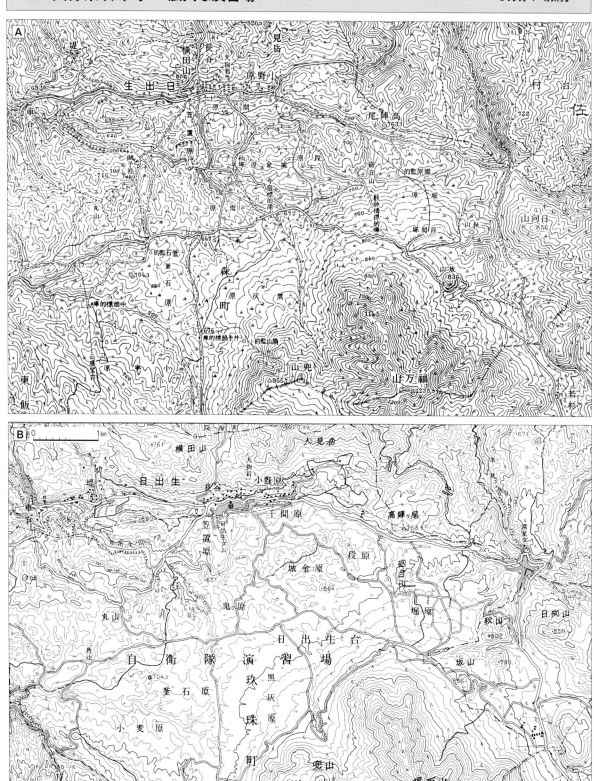

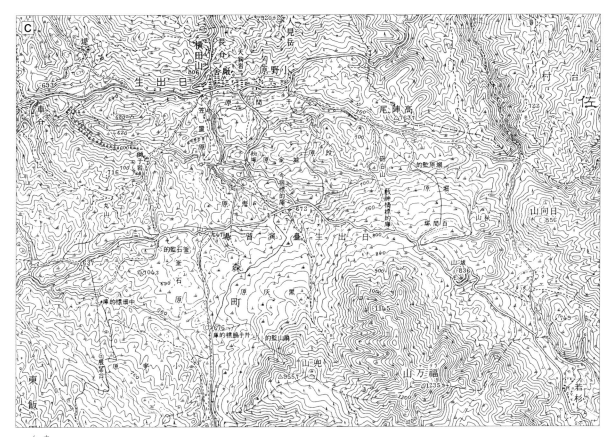

　玖珠町とは目にする機会の多くない地名かもしれない。改描の舞台となった地名ということでは、「日出生台」という方がふさわしいのかもしれないが、これもそれほどポピュラーな地名ではないであろう。地名を見聞きする機会が少ないということであれば、ここを訪れた経験のある人はさらに少ないのではないか。というのも、ここは旧帝国陸軍の時代から今日の陸上自衛隊（しばしば米軍も共同で）に至るまで、軍事演習場として広い範囲が利用されてきたからである。

　という次第で、最初から答えを書いてしまった感もあるが、あらためて改描図である図Ａを眺めてみると、そこには陸軍の演習場をうかがわせる注記（「砲台山」、「○○監的」、「▲▲標的庫」など）が多数記されていて、ここが演習場であること自体は隠されていなかったと言うこともできそうである。一方、20世紀末の状況を示す図Ｂにも「自衛隊演習場」の注記があり、上に記した土地利用の一貫性が示されている。

　以上を踏まえた上で、図Ａと図Ｃとを比較してみ

ると、改描の内容は、1)「日出生臺演習場」という注記が削除されたこと、2)陸軍所轄を示す記号を伴った「廠舎」の注記が削除されたこと、の2点に限られる。廠舎とは演習時などに兵士が宿泊するための仮の兵舎を意味し、演習場には必ず設けられるものであった。玖珠町史編纂委員会(2001)によれば、1931(昭和6)年の例として、この演習場が九州北部と山口県の9つの陸軍諸部隊（砲兵と歩兵）によって、5月11日から11月10日までの半年間にわたり断続的に使用されていたことが紹介されている。

　図Ａ中に、太い破線（かなり長め）が記されている。これが当時の図式で「官有地界」を表す記号であり、ここではほぼそのまま演習場の範囲を示している。上掲書によれば、この地に陸軍の演習場が設けられたのは1898(明治31)年である。その後は、使用者こそ帝国陸軍⇒米軍⇒警察予備隊⇒保安隊⇒自衛隊と変わったものの、演習場としてはほぼ変化のないまま今日に至っている。反対運動も見られるが、成果は限定的なものにとどまっている。

49. 宮崎県延岡市——企業城下町の工場群

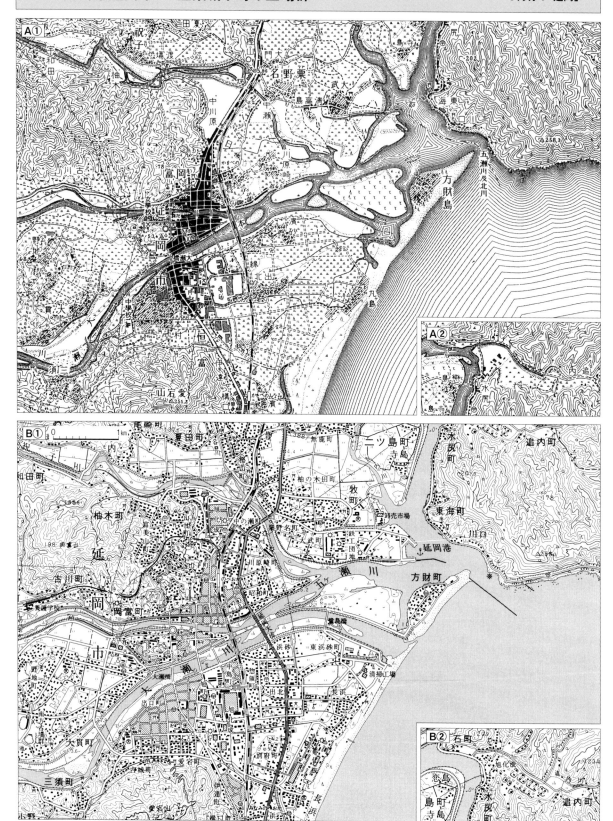

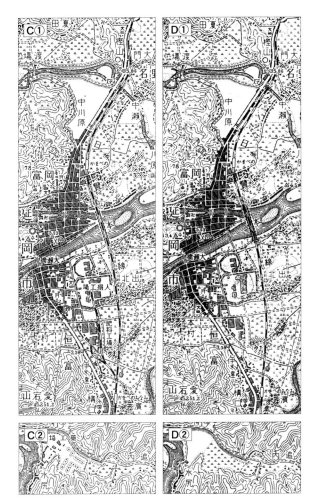

延岡は宮崎県北部の工業都市である。もともとは内藤氏7万石の城下町であったが，近現代には今日の旭化成へとつながる日窒（日本窒素肥料）系の単一企業都市としての性格を1世紀にわたって実質上維持している。工場用地は当時から現市域内の広範囲に展開していたため，ここでは2地区に分けて改描状況を検討する。また，ここで用いる5万分1「延岡」では1939（昭和14）年に作られたと思われる改描図（図A）のほか，1943年ごろにもさらに手を加えた改描図が作られた（図D）。なお，これらの図は「明治33年図式」が用いられている。後の図式と比べて，土地利用記号の密度が高い点が特徴である。

図Aでは，①地区の大瀬川の南に「坑工牆」（43頁参照）で囲まれた区域が南北に3か所並んでいる。どれにも注記や記号はない（真中の区域だけ煙突の記号がある）が，改描以外でこのような表現になるケースは考えにくい。また，延岡駅北方の「中川原」

と地名が記されている辺りには，地類記号の入っていない土地がかなり広い面積を占めている。付近の農業的土地利用が水田主体であることを考えると，ここが普通畑であったとは考えにくく，奇異の念を抱く。一方②地区（本来の位置は①の東北）では，水尻地区の北側の表現がやや不自然に見える。

延岡の場合，図Aで不自然とした箇所には，近況を示す図Bでは旭化成の工場であることが注記されており，これで事情はほぼ判明する。

改描の細部については，やはり改描前の図Cを参照する必要があろう。以下がその結果である。

まず①中の人絹工場と肥料工場について延岡市史編纂委員会（1983）などの文献によると，南の肥料工場が最も古く，操業開始は1923（大正12）年であった。また北隣の人絹工場は1931年創業である。これらの化学工場の立地条件としては安価，豊富な電力が重要で，延岡の場合には五ヶ瀬川における水力発電の進展が大きな意味をもった。これらの工場は図Aでは名称の注記が削除されるとともに，そこに通じる鉄道引込線も消去された。

一方②の火薬工場も上記の化学系工場と同一の資本系列に属し，1932年に操業を開始している。これについては注記の削除だけでなく，工場用地の一部を水田に偽装することも行われた。

本図幅では後にさらなる改描が行われた（図D）。ここでは，鉄道沿線の人工地形表現の削除が行われただけでなく，火薬工場の改描もより徹底された。

なお図Aを見てやや奇異に感じた「中川原」地区の空白は，図C，図Dとも同じ表現であった。つまり，これは改描と関係するものではなかった。諸文献の記述から事情を説明すると，ここはレーヨン工場の建設用地で，すでに整地は済んでいたものの，いまだ建物の建設には至っていない段階が表現されていたのであろうと解釈できる。レーヨン工場の操業開始が1933年とされていることを併せ考えると，本図が1932年要部修正，1935年発行であることが，こうした表現を生んだものと結論づけられそうである。もう1点付け加えると，本図では「延岡市」と表示されているが，延岡の市制施行は1933年で，本図の最終図歴年と発行年の中間であった。

50. 鹿児島県鹿屋市——2つの軍飛行場

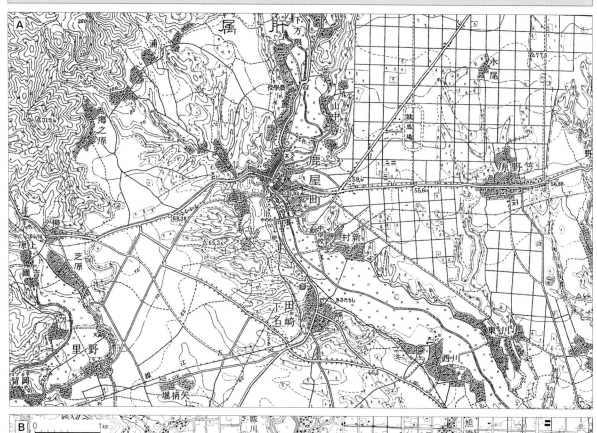

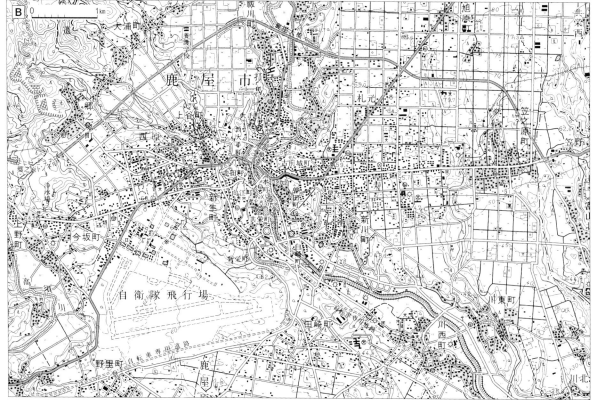

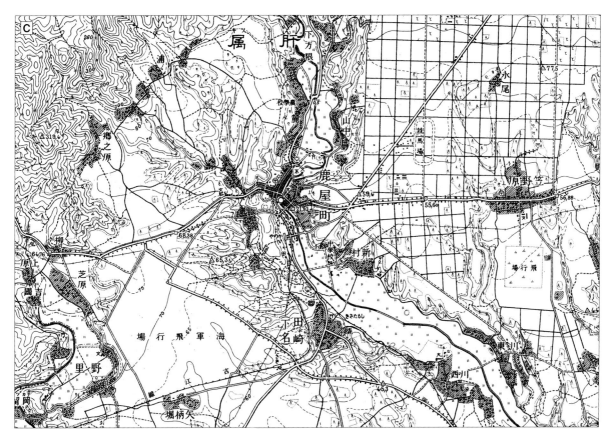

　鹿屋は鹿児島県大隅半島の内陸部の小都市である。この地名は同じく鹿児島県の知覧（薩摩半島）と並んで，太平洋戦争末期に特攻隊の基地として用いられたことによって，戦後，広く全国に知られるようになった。

　改描図である図Aを見ても，どこが改描されたのかをうかがい知ることは困難である。軍の飛行場があったということを知っていたとしても，どこに飛行場があったのかは推測困難であろう。

　現状に近い図Bを見ると，「自衛隊飛行場」が広い面積を占めており，改描されたのはこの飛行場の前身であろうと推測できる。そこで改描前の図Cで確認すると，飛行場が2つ見える。西側の「海軍飛行場」が今日まで引き継がれているもので，一方，東の方に見られる小規模な飛行場は現存しない。

　これ以上の詳細は読図からは知ることができず，文献によらざるを得ない。鹿屋市史編集委員会（1972）によると，より古いのは東の小規模な方で，大正末に地元鹿屋町の負担で設けられ，戦時期までは必ずしも軍専用ではなかった。当初は，これを鹿屋飛行場と呼んでいたが，海軍飛行場が設けられる際に，「笠野原飛行場」と改称された。図から判読する限りでは付帯施設はほとんどなかったようである。ただここも，太平洋戦争期になると利用頻度が増し，その時期に設けられた施設の一部が今日も戦争遺跡として残存しているという。一方，西にある「海軍飛行場」は鹿屋海軍航空隊の設置（1936年4月）と関連して設けられたものである。「昭和十年部分修正」の図歴をもつ図にこれが記されているのは多少の疑問を感じるが，飛行場の建設工事は1934（昭和9）年4月に開始されており，矛盾ではない。

　なお米軍は図Cの元となった地形図を入手しており，改描は空襲を防ぐ効果をもつことができなかった。

　戦後，笠野原飛行場は廃用となり，元の農地に戻った。一方鹿屋飛行場は戦後しばらく放置されていたらしいが，朝鮮戦争に伴う占領政策の急転回以後，1953年12月に「警備隊鹿屋航空隊」が設けられ，翌1954年7月には航空自衛隊所属となって今日に至っている。

本書に掲載した地形図の一覧

- 以下の一覧は，本書に掲載した地図の図歴・所蔵機関等を項目・図ごとに記したものである。
- 各項目についてABC順に，それぞれ，縮尺・図幅名，最終図歴，発行年月日と発行機関，所蔵機関の順に記載した。ただし，改描図(各項目のA)，その元となった図(原則として各項目のC)など，発行者が「大日本帝国陸地測量部」と記されているものについては，発行者名を省略した。また現行図(原則として各項目のB)については，所蔵機関の記載を省いた。
- **太字**は改描図であることを示す。

序論(11頁)
 A. 5万分1「岩内」：1917年測図，1920年3月30日発行(山田)
 B. 5万分1「岩内」：1917年測図，1920年3月30日発行(山田)
1. 北海道標茶町(16-17頁)
 A. 5万分1「標茶」：1932年鉄道補入，1934年8月30日発行(お茶の水女子大学)
 B. 5万分1「標茶」：1994年修正，1996年7月1日国土地理院発行
 C. 5万分1「標茶」：1932年鉄道補入，1934年8月30日発行(国会図書館)
2. 北海道千歳市(18-19頁)
 A. 5万分1「千歳」：1935年修正，1937年1月30日発行(山田)
 B. 5万分1「千歳」：1998年要部修正，1999年2月1日国土地理院発行
 C. 5万分1「千歳」：1935年修正，発行年月日なし内務省発行(国会図書館)
 D. 5万分1「千歳」：1944年部分修正，発行年月日なし参謀本部発行(山田)
3. 青森県弘前市(20-21頁)
 A. 5万分1「弘前」：1925年鉄道補入，1927年6月30日発行(お茶の水女子大学)
 B. 5万分1「弘前」：1995年修正，1997年3月1日国土地理院発行
 C. 5万分1「弘前」：1925年鉄道補入，1927年6月30日発行(国会図書館)
4. 岩手県盛岡市(22-23頁)
 A. 5万分1「盛岡」：1929年鉄道補入，1939年10月16日の校正刷(国会図書館)
 B. 5万分1「盛岡」：2006年修正，2008年2月1日国土地理院発行
 C. 5万分1「盛岡」：1929年鉄道補入，1931年6月30日発行(国会図書館)
 D. 5万分1「盛岡」：1939年修正，発行年月日なし参謀本部発行(国会図書館)
5. 宮城県塩竈市(24-25頁)
 A. 2万5千分1「鹽竈」：1933年修正，1936年1月30日発行(お茶の水女子大学)
 B. 地理院地図(2万5千分1「塩竈」付近)
 C. 2万5千分1「鹽竈」：1933年修正，1936年1月30日発行(大阪市立中央図書館)
6. 秋田県にかほ市(26-27頁)
 A. 5万分1「象潟」：1934年修正，発行年月日なし参謀本部発行(昭和館)
 B. 5万分1「象潟」：2002年修正，2004年1月1日国土地理院発行
 C. 5万分1「象潟」：1934年修正，1937年1月30日発行(国会図書館)
7. 山形県山形市(28-29頁)
 A. 5万分1「山形」：1931年修正，1934年1月30日発行(国土地理院)
 B. 5万分1「山形」：1992年修正，1993年11月1日国土地理院発行
 C. 5万分1「山形」：1931年修正，1934年1月30日発行(国会図書館)

  D. 2万5千分1「山形北部」：1931年測図，1934年11月30日発行(国土地理院)

   2万5千分1「山形南部」：1931年測図，1934年12月28日発行(国土地理院)

  E. 2万5千分1「山形北部」：1931年測図，1934年11月30日発行(国会図書館)

   2万5千分1「山形南部」：1931年測図，1934年12月28日発行(国会図書館)

8. 福島県会津若松市と周辺(30-31頁)

  A. 5万分1「喜多方」：1931年修正，1934年6月30日発行(お茶の水女子大学)

  B. 5万分1「喜多方」：2001年要部修正，2002年12月1日国土地理院発行

  C. 5万分1「喜多方」：1931年修正，1934年6月30日発行(国会図書館)

  D. 5万分1「磐梯山」：1931年要部修正，1933年5月30日発行(国会図書館)

9. 茨城県阿見町と周辺(32-33頁)

  A. 5万分1「土浦」：1929年修正，1932年4月30日発行(お茶の水女子大学)

  B. 5万分1「土浦」：2005年要部修正，2005年8月24日国土地理院発行

  C. 5万分1「土浦」：1929年修正，1932年4月30日発行(大阪市立中央図書館)

  D. 5万分1「土浦」：1944年部分修正，1948年資料修正(行政区画)，1950年5月30日地理調査所発行(大阪市立中央図書館)

10. 栃木県日光市(34-35頁)

  A. 5万分1「日光」：1933年鉄道補入，1935年4月30日発行(国土地理院)

  B. 5万分1「日光」：2002年修正，2003年7月1日国土地理院発行

  C. 5万分1「日光」：1933年鉄道補入，1935年4月30日発行(国会図書館)

11. 群馬県桐生市(36-37頁)

  A. 5万分1「桐生及足利」：1934年要部修正，1940年12月28日発行(京都大学人間・環境学研究科)

  B. 5万分1「桐生及足利」：1996年修正，1999年6月1日国土地理院発行

  C. 5万分1「桐生及足利」：1934年要部修正，1940年12月28日発行(国会図書館)

12. 埼玉県さいたま市(38-39頁)

  A. 5万分1「大宮」：1929年鉄道補入，1939年9月11日の校正刷(国会図書館)

  B. 5万分1「大宮」：2003年修正，2004年9月1日国土地理院発行

  C. 5万分1「大宮」：1929年鉄道補入，1930年9月30日発行(大阪市立中央図書館)

13. 千葉県習志野市(40-41頁)

  A. 1万分1「津田沼」：1929年修正，1932年11月30日発行(お茶の水女子大学)

  B. 1万分1「津田沼」：2007年修正，2008年8月1日国土地理院発行

  C. 1万分1「津田沼」：1929年修正，1932年11月30日発行(国会図書館)

  D. 2万5千分1「習志野」：1952年二修，1957年資修(行政区画)，1957年11月30日国土地理院発行(本来は「地理調査所」発行であるが，「国土地理院」発行なのは，同院の発足(1960年)以後の後刷図であることによる：京都大学人間・環境学研究科)

14. 東京都荒川区(42-43頁)

  A. 2万5千分1「東京首部」：1932年要部修正，1934年8月30日発行(山田)

  B. 地理院地図(2万5千分1「東京首部」付近)

  C. 2万5千分1「東京首部」：1932年要部修正，1934年8月30日発行(国会図書館)

15. 東京都立川市と周辺(44-47頁)

  A. 5万分1「青梅」：1935年鉄道補入，1939年10月10日の校正刷(国会図書館)

  B. 5万分1地形図「青梅」：1997年要部修正，1997年7月1日国土地理院発行

  C. 5万分1「青梅」：1935年鉄道補入，1935年11月30日発行(国会図書館)

  D. 5万分1「青梅」：1937年修正，1942年7月30日発行(国会図書館)

  E. 5万分1「青梅」：1937年修正，1946年7月31日内務省地理調査所発行(国会図書館)

　　　F.　集成5万分1地形図「東京3号」：1945年製版，参謀本部発行(山田)

16.　神奈川県横浜市(48-49頁)

　　　A.　**5万分1「横濱」：1932年二修，1935年5月30日発行**(山田)

　　　B.　5万分1「横浜」：2000年修正，2001年5月1日国土地理院発行

　　　C.　5万分1「横濱」：1932年二修，1935年5月30日発行(大阪市立中央図書館)

17.　新潟県新潟市(50-51頁)

　　　A.　**5万分1「新潟」：1931年修正，発行年月日なし参謀本部(⇒内務省地理調査所)発行**(国会図書館)

　　　B.　5万分1「新潟」：2003年修正，2005年2月1日国土地理院発行

　　　C.　5万分1「新潟」：1931年修正，1934年6月30日発行(大阪市立中央図書館)

18.　富山県富山市と周辺(52-53頁)

　　　A.　**5万分1「五百石」：1930年修正，1933年3月30日発行**(国土地理院)

　　　B.　5万分1「五百石」：2000年修正，2001年4月1日国土地理院発行

　　　C.　5万分1「五百石」：1930年修正，1933年3月30日発行(大阪市立中央図書館)

19.　石川県金沢市(54-55頁)

　　　A.　**5万分1「金澤」：1931年修正，日付表示のない校正刷(改描原図)**(国会図書館)

　　　B.　5万分1「金沢」：2006年修正，2007年5月1日国土地理院発行

　　　C.　5万分1「金澤」：1931年修正，1933年9月30日発行(大阪市立中央図書館)

　　　D.　**5万分1「金澤」：1931年修正，発行年月日なし参謀本部(⇒内務省地理調査所)発行**(国会図書館)

20.　福井県敦賀市と同鯖江市(56-57頁)

　　　A.　**20万分1帝国図「岐阜」：1935年修正改版，1935年5月30日発行**(山田)

　　　B.　20万分1地勢図「岐阜」：2011年要部修正，2012年5月1日国土地理院発行

　　　C.　20万分1帝国図「岐阜」：1935年修正改版，1935年5月30日発行(大阪市立中央図書館)

21.　山梨県都留市と周辺(58-59頁)

　　　A.　**5万分1「谷村」：1929年三修，1940年6月19日の校正刷**(国会図書館)

　　　B.　5万分1「都留」：1995年修正，1996年6月1日国土地理院発行

　　　C.　5万分1「谷村」：1929年三修，1932年8月30日発行(大阪市立中央図書館)

22.　長野県松本市(60-61頁)

　　　A.　**2万5千分1「松本」：1931年修正，1939年11月22日の校正刷**(国会図書館)

　　　B.　地理院地図(2万5千分1「松本」付近)

　　　C.　2万5千分1「松本」：1931年修正，1934年9月30日発行(国会図書館)

23.　岐阜県各務原市(62-63頁)

　　　A.　**5万分1「岐阜」：1932年三修縮，1935年7月30日発行**(お茶の水女子大学)

　　　B.　5万分1「岐阜」：2011年要部修正，2012年5月1日国土地理院発行

　　　C.　5万分1「岐阜」：1932年三修縮，1935年7月30日発行(国会図書館)

　　　D.　5万分1「岐阜」：1945年部分修正，1946年11月30日内務省地理調査所発行(国会図書館)

24.　静岡県三島市(64-65頁)

　　　A.　**5万分1「沼津」：1932年二部修縮，1933年5月30日発行**(お茶の水女子大学)

　　　B.　5万分1「沼津」：1996年修正，1997年8月1日国土地理院発行

　　　C.　5万分1「沼津」：1932年二部修縮，1933年5月30日発行(大阪市立中央図書館)

　　　D.　**5万分1「沼津」：1932年二部修縮，1933年5月30日発行**(昭和館)

25.　愛知県半田市(66-67頁)

　　　A.　**5万分1「半田」：1932年鉄道補入縮，発行年月日なし参謀本部(⇒内務省地理調査所)発行**(国会図書館)

　　　B.　5万分1「半田」：2005年修正，2007年1月1日国土地理院発行

　　　C.　5万分1「半田」：1932年鉄道補入縮，1935年5月30日発行(大阪市立中央図書館)

　　　D.　集成5万分1地形図「名古屋2号」：1945年製版，参謀本部発行(山田)

E. 5万分1「半田」：1945年部分修正，1946年11月30日内務省地理調査所発行(国会図書館)

26. 三重県四日市市(68-69頁)

A. **5万分1「四日市」：1937年二修縮，1939年11月13日の校正刷**(国会図書館)

B. 5万分1「四日市」：2009年修正，2009年4月1日国土地理院発行

C. 5万分1「四日市」：1937年二修縮，1937年10月30日発行(国会図書館)

D. 5万分1「四日市」：1937年二修縮，1937年9月18日の校正刷(国会図書館)

E. 5万分1「四日市」：1950年応急修正，1952年8月30日地理調査所発行(大阪市立中央図書館)

注) CとDにおける改描の有無については判定保留。

27. 滋賀県大津市(70-71頁)

A. **2万5千分1「瀬田」：1927年部分修正，1929年10月30日発行**(お茶の水女子大学)

B. 地理院地図(2万5千分1「瀬田」付近)

C. 2万5千分1「瀬田」：1927年部分修正，1929年10月30日発行(大阪市立中央図書館)

28. 京都府福知山市(72-73頁)

A. **5万分1「福知山」：1927年鉄道補入，1942年12月28日発行**(大阪市立中央図書館)

B. 5万分1「福知山」：1995年修正，1996年2月1日国土地理院発行

C. 5万分1「福知山」：1927年鉄道補入，1928年12月28日発行(大阪市立中央図書館)

29. 大阪府枚方市(74-75頁)

A. **2万5千分1「枚方」：1929年修正，1932年10月30日発行**(お茶の水女子大学)

B. 地理院地図(2万5千分1「枚方」付近)

C. 2万5千分1「枚方」：1929年修正，1932年10月30日発行(大阪市立中央図書館)

D. **2万5千分1「枚方」：1929年修正，1932年10月30日発行**(初期改描図；大阪市立中央図書館)

30. 大阪府大阪市と周辺(76-77頁)

A. **5万分1「大阪西北部」：1932年修要修縮，1936年8月30日発行**(大阪市立中央図書館)

B. 5万分1「大阪西北部」：1999年要部修正，1999年8月1日国土地理院発行

C. 5万分1「大阪西北部」：1932年修要修縮，1936年8月30日発行(国土地理院)

D. 5万分1 "OSAKA NORTHWEST"：大日本帝国陸地測量部1932年発行の5万分1地形図によりAMS1944年作成(国会図書館)

31. 兵庫県西宮市(80-81頁)

A. **2万5千分1「西宮」：1932年要修縮，1939年8月7日の校正刷**(国会図書館)

B. 地理院地図(2万5千分1「西宮」付近)

C. 2万5千分1「西宮」：1932年要修縮，1936年2月28日発行(国土地理院)

32. 奈良県吉野町と周辺(82-83頁)

A. **5万分1「吉野山」：1932年部分修正，1932年6月30日発行**(大阪市立中央図書館)

B. 5万分1「吉野山」：2009年修正，2009年6月1日国土地理院発行

C. 5万分1「吉野山」：1932年部分修正，1932年6月30日発行(国会図書館)

33. 和歌山県海南市(84-85頁)

A. **2万5千分1「海南」：1934年測二修，1937年2月28日発行**(大阪市立中央図書館)

B. 地理院地図(2万5千分1「海南」付近)

C. 2万5千分1「海南」：1934年測二修，1937年2月28日発行(国会図書館)

D. 5万分1「海南」1934年二修縮，1941年7月30日陸地測量部・参謀本部発行(昭和館)

E. 5万分1「海南」1934年二修縮，1937年2月28日発行(大阪市立中央図書館)

34. 鳥取県米子市(86-87頁)

A. **2万5千分1「米子」：1934年修正，1939年8月23日の校正刷**(国会図書館)

B. 地理院地図(2万5千分1「米子」付近)

C. 2万5千分1「米子」：1934年修正，1936年8月30日発行(国会図書館)

  D. 5万分1「米子」：1934年二修縮，1937年2月28日発行(国会図書館)

  E. 5万分1「米子」：1934年二修縮，1937年2月28日発行(国土地理院)

  F. 5万分1「米子」：1934年二修縮，1943年秋から1944年頃の校正刷(国会図書館)

35. 島根県浜田市(88-89頁)

  A. 2万5千分1「濱田」：1932年修正，1935年10月30日発行(お茶の水女子大学)

  B. 地理院地図(2万5千分1「浜田」付近)

  C. 2万5千分1「濱田」：1932年修正，1935年10月30日発行(国会図書館)

36. 岡山県玉野市(90-91頁)

  A. 5万分1「下津井」：1928年二修，1943年秋から1944年ごろの校正刷(国会図書館)

  B. 5万分1「玉野」：1992年修正，1993年2月1日国土地理院発行

  C. 5万分1「下津井」：1928年二修，1931年10月30日発行(大阪市立中央図書館)

  D. 5万分1「下津井」：1928年二修，1931年10月30日発行(昭和館)

37. 広島県広島市(92-93頁)

  A. 2万5千分1「廣島」：1932年部分修正，1933年10月30日発行(初期改描図；お茶の水女子大学)

  B. 地理院地図(2万5千分1「広島」付近)

  C. 2万5千分1「廣島」：1932年部分修正，1933年10月30日発行(国会図書館)

38. 山口県山陽小野田市と周辺(94-95頁)

  A. 5万分1「船木」：1936年二修縮，1942年12月28日発行(大阪市立中央図書館)

  B. 5万分1「厚狭」：2002年要部修正，2003年8月1日国土地理院発行

  C. 5万分1「船木」：1936年二修縮，1938年4月30日発行(国会図書館)

39. 徳島県三好市(96-97頁)

  A. 5万分1「川口」：1933年修正，1936年5月30日発行(お茶の水女子大学)

  B. 5万分1「川口」：2002年要部修正，2003年6月1日国土地理院発行

  C. 5万分1「川口」：1933年修正，1936年5月30日発行(大阪市立中央図書館)

40. 香川県善通寺市(98-99頁)

  A. 2万5千分1「善通寺」：1932年鉄道補入，1934年2月28日発行(国土地理院)

  B. 地理院地図(2万5千分1「善通寺」付近)

  C. 2万5千分1「善通寺」：1932年鉄道補入，1934年2月28日発行(大阪市立中央図書館)

41. 愛媛県新居浜市(100-101頁)

  A. 5万分1「新居濱」：1933年部分修正，1939年11月4日の校正刷(国会図書館)

  B. 5万分1「新居浜」：2006年修正，2007年8月1日国土地理院発行

  C. 5万分1「新居濱」：1933年部分修正，1935年11月30日発行(国会図書館)

42. 高知県高知市(102-103頁)

  A. 5万分1「高知」：1933年修縮，1936年4月30日発行(国土地理院)

  B. 5万分1「高知」：2007年修正，2008年2月1日国土地理院発行

  C. 5万分1「高知」：1933年修縮，1936年4月30日発行(大阪市立中央図書館)

43. 福岡県福岡市(104-105頁)

  A. 2万5千分1「福岡西部」：1936年二修，1939年2月28日発行(お茶の水女子大学)

  B. 地理院地図(2万5千分1「福岡西部」付近)

  C. 2万5千分1「福岡西部」：1936年二修，1939年2月28日発行(大阪市立中央図書館)

  D. 2万5千分1「福岡西部」：1950年三修，1952年8月30日地理調査所発行(国会図書館)

44. 福岡県大牟田市(106-107頁)

  A. 5万分1「大牟田」：1931年鉄道補入，1931年8月30日発行(大阪市立中央図書館)

  B. 5万分1「大牟田」：1994年修正，1996年1月1日国土地理院発行

C．5万分1「大牟田」：1931年鉄道補入，1931年8月30日発行(国会図書館)

45．佐賀県佐賀市(108-109頁)

A．**5万分1「佐賀」：1931年鉄道補入，1931年8月30日発行**(大阪市立中央図書館)

B．5万分1「佐賀」：2000年修正，2002年2月1日国土地理院発行

C．5万分1「佐賀」：1931年鉄道補入，1931年8月30日発行(国会図書館)

D．**5万分1「佐賀」：1940年修縮，1943年3月30日発行**(大阪市立中央図書館)

46．長崎県諫早市(110-111頁)

A．**5万分1「諫早」：1926年修縮，作成時期不明の校正刷**(国会図書館)

B．5万分1「諫早」：2001年修正，2001年11月1日国土地理院発行

C．5万分1「諫早」：1926年修縮，1929年12月28日発行(大阪市立中央図書館)

47．熊本県熊本市(112-113頁)

A．**5万分1「熊本」：1931年部分修正，作成時期不明の改描原図**(国会図書館所蔵)

B．5万分1「熊本」：1994年修正，1996年2月1日国土地理院発行

C．5万分1「熊本」：1931年部分修正，1931年9月30日発行(大阪市立中央図書館)

48．大分県玖珠町(114-115頁)

A．**5万分1「別府」：1927年修正，発行年月日なし参謀本部発行**(岐阜県図書館)

B．5万分1「別府」：1996年要部修正，1997年2月1日国土地理院発行

C．5万分1「別府」：1927年修正，1930年12月28日発行(大阪市立中央図書館)

49．宮崎県延岡市(116-117頁)

A．**5万分1「延岡」：1932年要部修正，1935年4月30日発行**(大阪市立中央図書館)

B．5万分1「延岡」：2001年修正，2003年3月1日国土地理院発行

C．5万分1「延岡」：1932年要部修正，1935年4月30日発行(国会図書館)

D．**5万分1「延岡」：1932年要部修正，作成日不明(1943年以後)の校正刷**(国会図書館)

50．鹿児島県鹿屋市(118-119頁)

A．**5万分1「鹿屋」：1935年部分修正，1939年10月10日の校正刷**(国会図書館)

B．5万分1「鹿屋」：1994年修正，1995年2月1日国土地理院発行

C．5万分1「鹿屋」：1935年部分修正，1936年9月30日発行(大阪市立中央図書館)

地形図記号一覧

明治42年式 (×0.9)

礦泉	電信司	海軍望樓	神祠		
材料貯蓄場	電話司	製造所	佛宇		
採礦地	測候所	銀行	西教堂		
國道 縣道 里道 (聯達路 間路)		火藥庫	内國公署		
小徑		水車房	外國公署		
並木 (荷車ヲ通ズル部)		工垣牆	陸軍所轄		
電線 (高壓普通)		木柱坊牆	海軍所轄		
鐵道 (二線以上)	停車場	鐵柵	師團司令部		
特種鐵道 (二軌以上) 軌		木柵	旅團司令部		
國外 縣 府國 市 郡區 村町 地有 官地類 (境界)		板牆	要塞警備司令部		
		竹垣	聯隊區警備司令部		
		坼	鎮守府		
		生籬	道廳府及廳府		
		土圍	郡役所及島廳支廳		
		水濠	市役所		
		墓地	町村役場及區役所		
水深及岸高 6.5	徒渉所	車輛渉	人馬渡 (一舩出舩兩岸)	人渡 (出舩岸)	汽舩渡
		鳥居	學校		
		燈籠	病院		
		記念碑	隔離病舍及避病院		
無線電信電柱	燈臺	固定標	浮標	警報標	商港	界標	憲兵隊
					獨立樹及竹孤木 (竹孤 木燈及水枯)	警察署
田 桑畑 茶畑 果園 草地					抽出樹 (落葉 落鑛)	裁判所及控訴院
						監獄
					突烟	税關
					三角點 △97.1 標準水 (海面ヨリノ高サ) □345.27 獨立標高點 ·32.5	税務監督署及税務署
濁林葉 樹林葉 鍼樹林 竹林 荒地						林區署
						鑛務署
						海事部
山 符號ノ詳細ハ明治四十二年式地形圖々式ニアリ					山陵	郵便司
					城壘	電話司及電信司
					火山	郵便司

大正6年式（大正14年加除）(×0.9)

火山	郵便局	海軍望樓	神祠		
礦泉	電信局	製造所	佛宇		
材料貯蓄場	電話局	銀行	西教堂		
國道		火藥庫	内國公署		
主要ナル府縣道		水車房	外國公署		
町村道 (上以米三幅道 上以米二幅道 上以米一幅道 滿未米一幅道)		發電所	陸軍所轄		
小徑		工垣牆	海軍所轄		
並木 (荷車ヲ通ズル部)		牆	師團司令部		
電線 (高壓普通)		橋	旅團司令部		
鐵道 (二線以上) 停車場		土圍	要塞及備司令部		
特種鐵道 (二軌以上) 軌		水濠	司令部及聯隊區		
國外 府縣廳 (北海道大樺) 國 郡市廳支 (台) 區町村 官有地類 (境界)		墓地	鎮守府		
		鳥居	道廳府縣廳		
		燈籠	郡役所及島廳支廳		
		記念碑	市役所		
水深及岸高 6.7	徒渉 徒木 鑛渉	車輛渉	人渡 (出岸 渡船)	人馬渡 (出岸 兩船)	汽舩渡
		立像	町村役所ノ内及市役所		
		立標	學校		
		石段	病院		
		起重機	隔離病舍及避病院		
無線電信電柱	燈臺	固定標 (無)	浮標 (無)	警報標	商港	停船所	石油井	憲兵隊
						獨立樹	警察署
						突畑	及訴控所裁判數
乾田 水田 沼田 桑畑 茶畑 果園					三角點 △97.1 水準點 □345.27 獨立標高點 ·32.5 (海面ヨリノ高サ)	刑務所
						關税
						税務監督署及税務署
草地 濁林葉 樹林葉 鍼樹林 竹林 櫻樹林 荒地					古戰場	林區署
					湧泉	鑛務署
		山及地形變 岩類 岩層 岩數 地階凹 土崩 土流 雨裂 符號ノ詳細ハ地形圖々式ニアリ			山陵	電信局 郵便局 及電話ヲ兼ル	專賣局支局及全局貴賣所
					城壘	電信電話局 郵便局 ヲ兼ル	測候所
					火山	郵便局	

平成元年式
（×0.9）

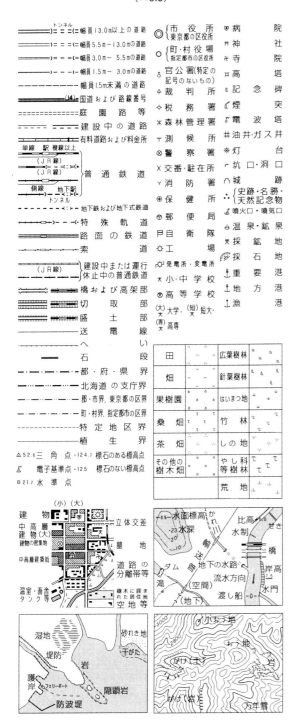

- トンネル　幅員13.0m以上の道路
-)======(幅員5.5m〜13.0mの道路
-)======(幅員3.0m〜5.5mの道路
-)======(幅員1.5m〜3.0mの道路
- 幅員1.5m未満の道路
- (14) 国道および路線番号
- 庭園路等
- 建設中の道路
- 有料道路および料金所
- 単線　駅　複線以上
- （JR線）（JR線）普通鉄道
- 側線　地下駅
- トンネル　地下鉄および地下式鉄道
- 特殊軌道
- 路面の鉄道
- 索道
- （JR線）建設中または運行休止中の普通鉄道
- 橋および高架部
- 切取部
- 盛土部
- 送電線
- へい
- 石段
- 都・府・県界
- 北海道の支庁界
- 郡・市界、東京都の区界
- 町・村界、指定都市の区界
- 特定地区界
- 植生界
- △52.6 三角点　・124.7 標石のある標高点
- 電子基準点　・125 標石のない標高点
- 21.7 水準点

建物・中高層建物（大）・建物の密集地・中高層建築地
立体交差・墓地・道路の分離帯等
温室・畜舎・タンク等・空地等・樹木に囲まれた居住地

- 市役所　東京都の区役所
- 町・村役場　指定都市の区役所
- 官公署（特定の記号のないもの）
- 裁判所
- 税務署
- 森林管理署
- 測候所
- 警察署
- 交番・駐在所
- 消防署
- 保健所
- 郵便局
- 自衛隊
- 工場
- 発電所・変電所
- 小・中学校
- 高等学校
- (大)大学・(短)短大・(専)高専

- 病院
- 神社
- 寺院
- 高塔
- 記念碑
- 煙突
- 電波塔
- 油井・ガス井
- 灯台
- 坑口・洞口
- 城跡
- 史跡・名勝・天然記念物
- 噴火口・噴気口
- 温泉・鉱泉
- 採鉱地
- 採石地
- 重要港
- 地方港
- 漁港

		広葉樹林	
田		針葉樹林	
畑		はいまつ地	
果樹園		竹林	
桑畑		しの地	
茶畑		やし科等樹林	
その他の樹木畑		荒地	

水面標高・水深・比高・せき・橋・岸高・水門・渡し船（地下）・ダム・地下の水路・流水方向・水制（空間）・滝

湿地・堤防・干がた・岩・砂れき地・護岸・フェリーボート・隠顕岩・防波堤

小ちう地・おう地・がけ(土)・かれ川・万年雪

平成25年式
（原寸）

- 4車線以上の道路
- 2車線幅員13m以上
- 2車線幅員13m未満
- 1車線の道路
- 幅員3.0m未満の道路
- 徒歩道
- 庭園路
- 石段
- 橋・高架
- トンネル
- 雪覆い等
- 高速道路
- (14) 国道・国道番号
- 都道府県道
- 有料道路
- 単線　駅　複線以上　建設中
- JR線
- トンネル　JR線以外
- 地下の鉄道
- 路面の鉄道
- 特殊鉄道
- リフト等
- 擁壁
- 特定地区界
- 送電線
- 空間の水路
- 都府県界
- 北海道総合振興局・振興局界
- 市区町村界
- 所属界
- 普通建物
- 堅ろう建物
- 高層建物
- 温室等
- △25.7 三角点
- 90.6 電子基準点
- 29.8 水準点
- ・313 標高点
- −52 水面標高
- ◎ 市役所
- ○ 町村役場
- 官公署
- 裁判所
- 税務署
- 消防署
- 病院
- 保健所
- 警察署
- X 交番
- 郵便局
- 小・中学校
- 高等学校

- 老人ホーム
- 発電所等
- 博物館
- 図書館
- 記念碑
- 電波塔
- 高塔
- 煙突
- 風車
- 灯台
- 墓地
- 神社
- 寺院
- 城跡
- 油井・ガス井
- 採鉱地
- 噴火口・噴気口
- 坑口
- ダム
- 水門
- 史跡・名勝・天然記念物
- せき
- 水制
- 滝
- 温泉
- 港湾
- 漁港
- 渡船
- 田
- 畑
- 茶畑
- 果樹園
- 竹林
- 笹地
- 荒地
- 広葉樹林
- 針葉樹林
- ハイマツ地
- ヤシ科樹林
- 雨裂
- 土崖
- 岩崖
- 岩

総括表：各項目で扱われる主な改描地物

項　　目	皇室関係	軍部関係	鉱業関係	工業関係	鉄道関係	電力関係	水道関係	その他
1. 北海道標茶町		軍馬補充部						
2. 北海道千歳市								飛行着陸場
3. 青森県弘前市		第8師団他				変電所		
4. 岩手県盛岡市		騎兵連隊他						
5. 宮城県塩竈市					貨物線		給水場	
6. 秋田県にかほ市			油井	製油工場				
7. 山形県山形市		歩兵連隊		金属工場		発・変電所		
8. 福島県会津若松市と周辺				曹達工場		水力発電所		
9. 茨城県阿見町と周辺		海軍航空隊			貨物線	発・変電所		飛行場
10. 栃木県日光市	御用邸			精銅所		水力発電所		
11. 群馬県桐生市					立体交差他			
12. 埼玉県さいたま市				鉄道工場他				無電受信所
13. 千葉県習志野市		鉄道連隊他						
14. 東京都荒川区				工場多種	貨物駅・線	発・変電所		ガス会社
15. 東京都立川市と周辺		飛行連隊他			貨物線		貯水池2つ	
16. 神奈川県横浜市				造船所他			浄水場	火薬庫
17. 新潟県新潟市				鉄工所他	貨物線		水道浄水池	国立倉庫
18. 富山県富山市と周辺						水力発電所		
19. 石川県金沢市		第9師団他			複線表示		浄水場	
20. 福井県敦賀市と同鯖江市		歩兵連隊						
21. 山梨県都留市と周辺	皇族別邸					水力発電所		
22. 長野県松本市		歩兵連隊						
23. 岐阜県各務原市		飛行連隊		工場記号				
24. 静岡県三島市		砲兵旅団他			盛土地表示			
25. 愛知県半田市					鉄道橋他			
26. 三重県四日市市				工場名若干	貨物線		給水場他	無電受信所
27. 滋賀県大津市				人絹工場				
28. 京都府福知山市		歩兵連隊他			盛土地表示			
29. 大阪府枚方市		禁野弾薬庫				変電所		
30. 大阪府大阪市と周辺				工場注記	貨物駅他			工業試験所
31. 兵庫県西宮市				軍用機工場	車庫	発・変電所	水道水源地	
32. 奈良県吉野町と周辺						水力発電所		
33. 和歌山県海南市				製材所				貯油所
34. 鳥取県米子市				製糸工場他	引込線			
35. 島根県浜田市		歩兵連隊				発・変電所		
36. 岡山県玉野市				造船所他	盛土地表示	発・変電所		
37. 広島県広島市		第5師団他					水道水源地	
38. 山口県山陽小野田市と周辺			鉱種注記	火薬工場	複線表示			
39. 徳島県三好市						水力発電所		
40. 香川県善通寺市		第11師団他				発・変電所		
41. 愛媛県新居浜市			住友鉱業所	同左		発・変電所		
42. 高知県高知市				工場名注記		発・変電所		放送局
43. 福岡県福岡市					貨物線			石油会社他
44. 福岡県大牟田市				工場各種	貨物線	発・変電所		火薬庫
45. 佐賀県佐賀市		分屯大隊他						
46. 長崎県諫早市					盛土地表示			
47. 熊本県熊本市		第6師団他		工場記号		発・変電所	配水池	
48. 大分県玖珠町		陸軍演習場						
49. 宮崎県延岡市				工場各種	引込線			
50. 鹿児島県鹿屋市		海軍飛行場						飛行場

引用・参考文献一覧

- この一覧には，本文中で引用したもの以外に，序論や各項目の執筆に当たって直接・間接に参考にしたものなどをかなり幅広く掲げている。ただし，地名事典，地誌書，1枚もの地図については省略した。
- 各文献の最後に，関係する箇所の項目番号をカッコに入れて示した。
- 誤解を招かない範囲内で，発行者名の表記を簡略化したケースがある。

愛知県史編さん委員会編(2019)『愛知県史 通史編8(近代3)』同県。［25］

赤木祥彦(2010)「特集・米軍が作った戦争時の日本地図」地理55-1。［序］

秋田県(1965)『秋田県史 6(大正・昭和編)』同県。［6］

浅尾　昭(1987)「旧日本陸軍の撮影した空中写真の刊行」国土地理院時報65。［序］

朝日新聞松山支局(1974)『別子物語』愛媛文化叢書刊行会。［41］

阿見町(1983)『阿見町史』同町。［9］

茨城県史編さん市町村史部会編(1981)『茨城県史 市町村編3』同県。［9］

今尾恵介(2011)『地図で読む戦争の時代――描かれた日本，描かれなかった日本――』白水社。［序］

江浜明徳(2012)『九州の戦争遺跡』海鳥社。［43, 48］

江浜明徳(2018)『新装改訂版 九州の戦争遺跡』海鳥社。［50］

江浜明徳(2022)『新編 九州の戦争遺跡』海鳥社。［43］

愛媛地理学会編(1976)『愛媛の地理 7』同会。［41］

大津市(1982)『新修大津市史 5 近代』同市。［27］

大平晃久(2021)「長崎県内の戦時期地形図における要塞地帯の表現と戦時改描――地理歴史教育における活用を視野に――」長崎大学教育学部教育実践研究紀要 20。［46］

大牟田市(1966)『大牟田市史 中巻』。［44］

大牟田市市史編さん委員会編(2017)『年表と写真で見る大牟田市の百年(「新大牟田市史」別冊)』同市。［44］

大山町史編纂委員会編(1964)『大山町史』同町。［18］

岡田　直・吉崎雅規・武田周一郎(2020)『地図で楽しむ横浜の近代』風媒社。［16］

各務原市(1987)『各務原市史 通史近世・近代・現代』同市。［23］

各務原市歴史民俗資料館(2016)『各務原市の戦前・戦中・戦後史』同館。［23］

鹿児島県(1967)『鹿児島県史 5』同県。［50］

加藤恭亮(1955)『東邦大学三十年史』東邦大学。［13］

鹿屋市史編集委員会(1972)『鹿屋市史 下』同市。［50］

河東町史編さん委員会編(1983)『河東町史 下』同町教育委員会。［8］

川村英雄(1936)「内地油田の採掘及び試掘の状況」燃料協会誌15-9。［6］

岸野　稔(2007)『日光地域の集落地理学的研究』随想社。［10］

喜多武志(1977)『風雪青山三十年の足跡』著者。［4］

玖珠町史編纂委員会(2001)『玖珠町史』同町。［48］

建設省国土地理院編(1986)『地図編集100年――小縮尺地図集――』日本地図センター。［20］

高知市史編纂委員会編(1971)『高知市史 中』同市。［42］

高知市史編さん委員会編(2012)『描かれた高知(高知市史絵図地図編)』同市。［42］

国土地理院(1997)『5万分1地形図作成・所蔵目録』日本地図センター。［序］

小林陽信(2001)「陸測の昭和時代戦争関連地図」古地図研究308。［序］

斎藤実則編(1982)『TDKの立地と地域の発展』大明堂。［6］

西戸崎炭礦(1997)「西戸崎炭礦社史(稿本)」(九州大学石炭研究資料センター『石炭研究資料叢書18』同センター所収)。［43］

山陽町史編集委員会編(1984)『山陽町史』同町教育委員会。[38]

塩竈市史編纂委員会編(1986)『塩竈市史 2(本編2)』同市。[5]

四国電力株式会社(1984)『四国地方電気事業史——経済社会の発展を通じて——』同社。[39]

しなのき書房編(2007)『松本100年地図帖』同書房。[22]

柴田武彦・原　勝洋(2003)『日米大調査 ドーリットル空襲秘録』アリアドネ企画。[コラム]

標茶町史編さん委員会編(1998)『標茶町史 通史編』同町。[1]

下津町史編集委員会編(1976)『下津町史』同町。[33]

新熊本市史編纂委員会編(1993)『新熊本市史 別編1下(絵図・地図 近代・現代)』同市。[47]

新電気事業講座編集委員会編(1980)『電気事業発達史』電力新報社。[8, 21, 32, 39]

「新編弘前市史」編纂委員会編(2005)『新編 弘前市史 通史編4・5(近・現代1・2)』弘前市。[3]

新明和工業編(1979)『新明和工業社史1』同社。[31]

鈴木郁夫・赤羽孝之編著(2010)『新旧地形図で見る新潟県の百年——明治~平成の変貌——』新潟日報事業部。[17]

関　満博・岡本博公編(2001)『挑戦する企業城下町——造船の岡山県玉野——』新評論。[36]

善通寺市立図書館編(1988)『善通寺市史2』同市。[40]

高田馨里(2020)「「日本地図化」の総力戦——第二次世界大戦期，米軍の対日標的地図作成——」大妻比較文化21。[コラム]

田代　博(2009)「読図の指導」(中村和郎・高橋伸夫・谷内　達・犬井　正編『地理教育講座III　地理教育と地図・地誌』古今書院所収)。[15]

立川市史編さん近代部会・同現代部会編(2019)『新編立川市史 資料編 地図・絵図』同市。[15]

玉野市史編纂委員会編(1970)『玉野市史』同市。[36]

千歳市(2010)『新千歳市史 上』同市。[2]

千葉工業大学(1967)『千葉工業大学二十五年史』同大学。[13]

デイビズ，J.・ケント，A.J.著，藤井留美訳(2019)『レッド・アトラス——恐るべきソ連の世界地図——』日経ナショナルジオグラフィック社。[序]

鉄興社社史編纂委員会編(1961)『鉄興社35年史』同社。[7]

寺阪昭信・平岡昭利・元木　靖編(2003)『関東I 地図で読む百年——東京・神奈川・千葉——』古今書院。[15, 16]

寺阪昭信・平岡昭利・元木　靖編(2003)『関東II 地図で読む百年——埼玉・茨城・栃木・群馬——』古今書院。[11, 12]

寺島敏治(1994)「軍馬補充部川上支部と標茶」(神崎宣武編『馬の文化叢書5 近代——馬と日本史4——』財団法人馬事文化財団所収)。[1]

土井芳彦編(1976)『高木瀬町史』佐賀市立高木瀬公民館。[45]

東京都荒川区(1989)『荒川区史 上・下』同区。[14]

富山県(1984)『富山県史 通史編6(近代 下)』同県。[18]

長岡正利(2005)「極東米国陸軍地図局(AMS)の事績と貢献」測量55-8。[序]

中村宗敏・井口悦男(1999)「第二次世界大戦末期の本土決戦図 その図域(二十万分一・五万分一)」古地図研究305。[序]

習志野市教育委員会編(1995)『習志野市史1 通史編』同市。[13]

鳴尾村誌編纂委員会編(2005)『鳴尾村誌:1889-1951』西宮市鳴尾区有財産管理委員会。[31]

新居浜市史編纂委員会編(1980)『新居浜市史』同市。[41]

仁賀保町史編纂委員会(1972)『仁賀保町史』同町。[6]

西祖谷山村史編纂委員会編(1985)『西祖谷山村史』同村。[39]

日本国有鉄道(1972)『日本国有鉄道百年史 年表』日本国有鉄道。[12]

野々市町(2006)『野々市町史 通史編』同町。[19]

延岡市史編纂委員会編(1983)『延岡市史 下』同市。[49]

野間晴雄(2019)「枚方市80年の経験と記憶——香里団地という郊外空間創出とその顚末——」ジオグラフィカ千里1。[29]

橋本哲哉編(2006)『近代日本の地方都市——金沢/城下町から近代都市へ——』日本経済評論社。[19]

長谷川俊雄(2008)「北区所蔵米軍地図資料の一考察」北区飛鳥山博物館研究報告 10。［序］

浜田市誌編纂委員会編(1973)『浜田市誌 上』同市。［35］

林　安繁(1942)『宇治電之回顧』宇治電ビルディング。［32］

磐梯町教育委員会編(1985)『磐梯町史』同町。［8］

東吉野村史編纂委員会編(1992)『東吉野村史 通史編』同村教育委員会。［32］

平岡昭利編(1997)『九州 地図で読む百年』古今書院。［44, 45, 47, 49］

平岡昭利編(1999)『中国・四国 地図で読む百年』古今書院。［34, 35, 37, 41, 42］

平岡昭利編(2000)『東北 地図で読む百年』古今書院。［3, 4, 7］

平岡昭利編(2001)『北海道 地図で読む百年』古今書院。［1, 2］

平岡昭利編(2008)『地図で読み解く日本の地域変貌』海青社。［1, 4, 7, 12, 19, 26, 29, 31, 37, 42, 45, 47］

平岡昭利編(2017)『読みたくなる「地図」──東日本編──』海青社。［4, 7, 12, 16, 17, 19］

平岡昭利編(2017)『読みたくなる「地図」──西日本編──』海青社。［26, 29, 31, 37, 42, 45, 47］

平岡昭利編(2019)『読みたくなる「地図」──国土編──』海青社。［1, 20］

平岡昭利編(2022)『読みたくなる「地図」──地方都市編①──』海青社。［3, 22, 25, 34, 40, 41, 44, 46, 49］

平岡昭利編(2023)『読みたくなる「地図」──地方都市編②──』海青社。［2, 9, 23, 36, 50］

平岡昭利・野間晴雄編(2000)『中部Ⅰ 地図で読む百年──愛知・岐阜・静岡・山梨──』古今書院。［25］

平岡昭利・野間晴雄編(2000)『中部Ⅱ 地図で読む百年──長野・新潟・富山・石川・福井──』古今書院。［17, 19, 22］

平岡昭利・野間晴雄編(2006)『近畿Ⅰ 地図で読む百年──京都・滋賀・奈良・三重──』古今書院。［26, 27, 28］

平岡昭利・野間晴雄編(2006)『近畿Ⅱ 地図で読む百年──大阪・兵庫・和歌山──』古今書院。［30, 31］

枚方市史編纂委員会編(1980)『枚方市史 4』同市。［29］

枚方市企画調査室編(1989)『禁野火薬庫資料集』同市。［29］

福島県(1971)『福島県史 通史編 4(近代 1)』同県。［8］

福知山市史編さん委員会編(1992)『福知山市史 4』同市。［28］

防衛庁防衛研修所戦史室(1969)『海軍軍戦備 1(戦史叢書 31)』朝雲出版社。［2, 9, 50］

北陸地方電気事業百年史編纂委員会編(1998)『北陸地方電気事業百年史』北陸電力。［18］

丸善石油社史編集委員会編(1969)『35 年のあゆみ』同社。［33］

三島市誌編纂委員会編(1959)『三島市誌 中』同市。［24］

水沼淑子・加藤仁美・小沢朝江(2000)「近代における皇族別荘の立地・沿革及び建築・使い方に関する研究──海浜別荘を中心とする検討──」住総研究年報27。［10, 21］

武藤　誠・有坂隆道編(1967)『西宮市史　3』同市。［31］

両角　節(1990)「戦前の地図──機密と改描──」教育研究(中央大学附属高等学校)4。［序］

モンモニア, M.著・渡辺　潤訳(1995)『地図は嘘つきである』晶文社。［序］

山形市市史編さん委員会・山形市市史編集委員会編(1975)『山形市史 下 近代編』同市。［7］

山形市市史編集委員会編(1980)『山形市史 近現代編』同市。［7］

山口恵一郎・佐藤 侊・沢田 清・清水靖夫・中島義一編(1972〜80)『日本図誌大系 全12巻』朝倉書店。［1〜50］

山田　誠(2017)「戦時期の地図事情──地形図の改描問題を中心として──」龍谷日本史研究 40。［序］

山田　誠(2018)「戦時改描図の類型区分──残存図の観察に基づく一試論──」歴史地理学 60-1。［序］

山田　誠(2021)『戦時改描図論考──偽装された地形図──』海青社。［序ほか］

吉野町史編集委員会編(1972)『吉野町史 下巻』同町。［32］

米子市史編さん協議会編(1997)『新修米子市史 12 資料編 絵図・地図』同市。［34］

Army Map Service (1960) *"The Army Map Service: Its Mission, History and Organization"*, 著者. ［序, コラム］

Fedman, D. & Karakas, C. (2012) 'A cartographic fade to black: mapping the destruction of urban Japan during World War II' *Journal of Historical Geography* 38. ［コラム］

Wilson, L.S.(1949) 'Lessons from the experience of the map information section, OSS' *Geographical Review* 39. ［序, コラム］

●著者紹介

山田　誠（やまだ　まこと）

1945年札幌市生まれ。1968年京都大学文学部卒。1972年同大学院文学研究科退学。京都大学名誉教授。愛知県立大学講師，大阪教育大学助教授，京都大学助教授（教養部），同教授（総合人間学部，大学院人間・環境学研究科），龍谷大学教授（文学部，特任）等を経て現在に至る。人文地理学会理事，同監事，野外歴史地理学研究会会長等を歴任。専門は都市地理学，歴史地理学。主な著書・論文に，『戦時改描図論考』（単著，海青社，2021年），『アジアの歴史地理3 都市と農地景観』（共編著，朝倉書店，2008年），『シネマ世界めぐり』（監修，ナカニシヤ出版，2009年），「Human Geography in Japan: Its Development and Current Circumstances」（人文地理59巻6号，2007年），「戦前期作成の住宅地図類に関する一考察」（龍谷大学論集480号，2012年）などがある。

The Hidden Targets: Wartime Japan Viewed from Redrawn Maps
by Makoto YAMADA

かくされたひょうてき
隠された標的——戦時改描図の世界——

本書web

発　行　日：2023年12月8日 初版第1刷
定　　価：カバーに表示してあります
著　　者：山田　誠
発　行　者：宮内　久

海青社
Kaiseisha Press

〒520-0112　大津市日吉台2丁目16-4
Tel. (077) 577-2677 Fax (077) 577-2688
https://www.kaiseisha-press.ne.jp/
郵便振替　01090-1-17991

ⓒ M. Yamada, 2023
ISBN978-4-86099-409-9 C3025 Printed in JAPAN. 印刷・製本：亜細亜印刷株式会社
落丁・乱丁の場合は弊社までご連絡ください。送料弊社負担にてお取り替えいたします。

戦時改描図論考 偽装された地形図
山田　誠 著

1937(昭和12)〜1944(昭和19)年の間に陸地測量部が行った地形図（日本領であった台湾を含む）の改描実態を、特に5万分1、2万5千分1、1万分1の縮尺の地形図について多くの図を提示しながら明らかにする。

〔ISBN978-4-86099-388-7／B5判・268頁・定価4,620円〕

読みたくなる「地図」国土編 日本の国土はどう変わったか
平岡昭利 編

日本人がどのように国土を改変してきたかを、明治と現代の地図の「時の断面」の比較から読み解く。北海道から沖縄まで34地域を対象に、各地域にかかわりの深い地理学者が変貌を解説。カラー版。

〔ISBN978-4-86099-346-7／B5判・92頁・定価1,760円〕

読みたくなる「地図」東日本編 日本の都市はどう変わったか
平岡昭利 編

明治時代と現在の地形図を対比し、地図上に現れた都市の変貌の理由を読み解く。「東日本編」では北海道から北陸地方まで49都市を対象とし、それぞれの地域に深くかかわってきた研究者が解説。

〔ISBN978-4-86099-313-9／B5判・133頁・定価1,760円〕

読みたくなる「地図」西日本編 日本の都市はどう変わったか
平岡昭利 編

明治時代と現在の地形図を対比し、地図上に現れた都市の変貌の理由を読み解く。「西日本編」では近畿地方から沖縄まで43都市を対象とし、それぞれの地域に深くかかわってきた研究者が解説。

〔ISBN978-4-86099-314-6／B5判・127頁・定価1,760円〕

読みたくなる「地図」地方都市編① 日本の都市はどう変わったか
平岡昭利 編

新旧地形図を比較する好評シリーズ第4弾。日本は人口減少社会に突入し、生活空間も拡大だけではなく縮小も現実となりつつある。本書では、その拡大と縮小が交差する全国63の地方都市の変貌にスポットを当てる。

〔ISBN978-4-86099-389-4／B5判・134頁・定価1,980円〕

読みたくなる「地図」地方都市編② 日本の都市はどう変わったか
平岡昭利 編

新旧地形図を比較する好評シリーズ第5弾。日本は人口減少社会に突入し、生活空間も拡大だけではなく縮小も現実となりつつある。本書では、その拡大と縮小が交差する全国64の地方都市の変貌にスポットを当てる。

〔ISBN978-4-86099-398-6／B5判・134頁・定価1,980円〕

地図で読み解く 日本の地域変貌
平岡昭利 編

古い地形図と現在の地形図の「時の断面」を比較することにより、地域がどのように変貌してきたのかを視覚的にとらえる。全国で111カ所を選定し、その地域に深くかかわってきた研究者が解説。

〔ISBN978-4-86099-241-5／B5判・333頁・定価3,353円〕

地図でみる京都 知られざる町の姿
岩田　貢・山脇正資 著

歩いたり自転車で見て廻るには好都合な2万5千分の1地形図を用い、府下36地域を対象に地形図の記号をたどり、なぜそこに集落が発達し、工場が出来、耕地が広がるかなど、地域の特徴やその成り立ちを読み解く。

〔ISBN978-4-86099-344-3／B5判・78頁・定価1,760円〕

地図でみる山形 市街地に刻まれた出羽の歴史
山田浩久 編著

出羽の歴史が刻まれた山形の魅力は、最上川など豊かな自然と共生し形作られた中小の市町村にある。庄内・最上・村山・置賜の4地方に区分される山形県全域を網羅。散策に利用しやすい2万5千分1地形図を原寸で掲載。

〔ISBN978-4-86099-387-0／B5判・82頁・定価1,980円〕

地図でみる新潟県 市街地に刻まれた歴史と地理
戸所　隆 著

都市地理学・都市政策の視点から、新潟県の特性と市街地を中心に国土地理院地形図を活用した新潟県地誌。散策しながら全市町村市街地の地理・歴史を理解できるよう、見開き2頁の左頁に解説、右頁一面に1/2.5万地形図を配置した。

〔ISBN978-4-86099-400-6／B5判・96頁・定価2,090円〕

地図でみる城下町
野間晴雄・山近博義・矢野司郎 編

近世の城絵図『主図合結記』(嘉永2年)に収録された絵図(148か所)から66か所を紹介。城絵図・明治期と現在の地形図で城下町を案内。城の立地、城絵図との対照、武家屋敷・町屋の配置などを解説。城下町の「みどころ」も記し、まち歩きの便をはかりました。

〔ISBN978-4-86099-360-3／B5判・141頁・定価1,980円〕

地理学と読図
藤岡謙二郎 編

本書は地形図を通じて、地理学の教養的理解を深めることに主眼をおいた読図集。地理学全般の研究に関する基本的解説と参考文献を付した。教養地理学のためのテキストとして好評。

〔ISBN978-4-906165-02-5／B5判・55頁・定価660円〕

＊表示価格は10％消費税込。